AF460185

IL A ÉTÉ IMPRIMÉ :

12 EXEMPLAIRES NUMÉROTÉS SUR PAPIER DE HOLLANDE VAN GELDER

La Roumanie contemporaine

DU MÊME AUTEUR

Reine Cœur, roman. 1 vol. in-16............... 3 fr. 50

La Jeune Amérique, *Chili et Bolivie*, 2e édition (couronné par l'Académie française). 1 vol. in-16....... 3 fr. 50

En escale. Une promenade à Ceylan, Singapour, Saïgon, Hong-Kong, Macao, Canton, une semaine aux Philippines. 1 vol. in-16......................... 3 fr. 50

La Société japonaise (couronné par l'Académie française). 1 vol. in-16, 5e édition...................... 3 fr. 50

EN PRÉPARATION

Les Journées et les Nuits japonaises. 1 vol......... » »

LIBRAIRIE LEMERRE

Mythes et Poèmes. 1 vol. in-18 (*Épuisé*).

La Chanson du Sud. 1 vol. in-18 jésus............ 3 fr. »

L'Hôtellerie, poème (couronné par l'Académie française) (*Épuisé*).

ANDRÉ BELLESSORT

La Roumanie contemporaine

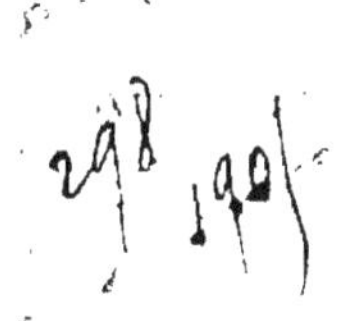

PARIS

LIBRAIRIE ACADÉMIQUE DIDIER

PERRIN ET Cie, LIBRAIRES-ÉDITEURS

35, QUAI DES GRANDS-AUGUSTINS, 35

1905

CARTE
DE LA
ROUMANIE
Echelle 1:3 500.000
Kilomètres
AUTRICHE-HONGRIE
TRANSYLVANIE
BUKOVINE
MOLDAVIE
BESSARABIE
RUSSIE
MONTS KARPATES
GRANDE VALACHIE
PETITE VALACHIE
SERBIE
BULGARIE
DOBROUDJA
MER NOIRE
Iassi
Kitchinev
Odessa
Roman
Piatra
Bacau
Vaslui
Husi
Barlad
Tecuci
Focsani
Galatz
Braila
Ismail
Toultcha
Buzeu
Ploiesti
Bucarest
Giurgiu
Roustchouk
Craiova
Slatina
Caracal
Pitesci
Tergovitche
Campulung
Sibiulu
(Hermannstadt)
Brasso
Suceva
Botosani
Folticeni
Dorohoi
Constantza
Calarasi
Turnu Magurele
Calafat
Vidin
Sistov
Mangalia
Kustendje

LA ROUMANIE CONTEMPORAINE

PREMIÈRE PARTIE

HIER ET AUJOURD'HUI

CHAPITRE I

LE KALPAK

... La conversation s'était arrêtée; on venait de nous servir le café, et, pendant que l'ancien ministre qui me faisait l'honneur de me recevoir arpentait son salon, je levai les yeux sur un étrange portrait. C'était celui d'un homme déjà vieux, aux traits rigides, aux regards ternes, et dont la figure était allongée et comme tirée vers la terre par une barbe démesurément longue. Il était revêtu d'une pelisse bordée de fourrure blanche et d'une ceinture de cachemire sous laquelle je distinguais de larges pantalons flottants. Rien d'ailleurs ni dans cette figure ni dans cet accoutrement oriental n'eût mérité de retenir l'attention, si ce n'est peut-être le contraste entre la physionomie morne et la splendeur des étoffes. Mais la tête était surmontée du couvre-chef le plus extravagant et le plus formidable que l'étiquette des cours et l'imagination des chapeliers aient jamais conçu : un énorme bonnet en forme de ballon mesurant au moins trois pieds de circonférence et recouvert d'une peau d'agneau noir. Sous l'oppression de cette outre vide et gonflée, la tête semblait misérable, figée dans la préoccupation d'un pesant équilibre.

Mon hôte avait suivi mes regards, et tout en marchant :

— Vous reconnaissez, me dit-il, le kalpak de nos boyars. Lorsque, vers 1828, le général russe entra dans l'église de Iassi, il resta effaré devant ces citrouilles noires dont nos boyars étaient coiffés. Il leur envoya l'ordre de se découvrir et, comme ils n'obéissaient pas, le Russe s'élança, tomba à grands coups de poing sur les bonnets de peau tendue, et il en fit un tel massacre que toute l'église s'emplissait de mugissements.

Je ne pus m'empêcher de relever les yeux vers le portrait de cet homme que Zaltuhin ou Kisselef avait peut-être si brutalement décoiffé.

— Oui, oui, continua mon hôte, il en était ! Et il en a vu bien d'autres, allez ! Un jour, dans cette même ville de Iassi, on annonce un firman de la Sublime Porte ; et tous les boyars, conviés au palais, s'empressent de s'y rendre. Il était vieux, assez lent, et fermait la marche du cortège qui défilait à cheval et au pas entre deux haies de soldats turcs. Les soldats crachèrent sur lui en criant : « Chien de Chrétien ! » Et ces gueux avaient tant craché, lorsqu'il arriva au palais, qu'il fut obligé de se laver des pieds à la tête... C'était mon grand-père.

Je n'osais plus regarder l'ancêtre, et je ne savais quelle contenance tenir devant cette barbe vénérable que les Turcs..... Mais mon hôte me tira d'embarras en éclatant de rire.

— Le pauvre ! fit-il. Obligé de se laver des pieds à la tête ! Et voilà, cher Monsieur, ce qui advenait parfois à nos grands-pères au commencement du siècle passé.

Cette tête de boyar que la dignité creuse et lourde du kalpak immobilisait et semblait offrir sans défense à toutes les humiliations, — cette vraie tête de Turc à l'usage des Turcs, des Russes, des Polonais ou des Hongrois, — ne m'est point sortie de la mémoire ; et c'est toujours elle qui m'apparaît, dès que je rassemble les souvenirs que m'a laissés mon séjour en Roumanie. A peine trois générations nous en séparent ; et je revois en même temps le petit-fils de cet aïeul à la triste figure : un des hommes les plus libres d'esprit, les plus audacieux de la Roumanie moderne, culture française et sympathies allemandes, député d'une indépendance ombrageuse, moins à l'aise au pouvoir que dans l'opposition, toujours d'attaque et fonçant sur les ballons gonflés de ses adversaires avec le même entrain que Kisselef jadis sur les kalpaks de ses pères. Je le revois, planté sous le vieux cadre, la cigarette aux lèvres, le monocle dans l'œil... De ce kalpak à ce monocle, quelle révolution !

CHAPITRE II

L'ENTRÉE EN ROUMANIE : SINAIA

On a le choix entre deux grands chemins pour pénétrer en Roumanie : on peut remonter la route des invasions par Orsova, les Portes de Fer et le Danube, ou escalader les Carpathes, et, à travers les vallées et les forêts de la Transylvanie, déboucher dans la verdure de Prédéal. Vous dévorez tout un après-midi les immenses plaines hongroises où l'œil ne découvre guère que des ondulations majestueuses de troupeaux d'oies, — de ma vie je n'ai vu les jars plus arrogants et plus seigneuriaux que dans ce pays-là ! — et, après une nuit fraîche, vous vous réveillez en pleine nature virgilienne. La petite locomotive halette : les branches des arbres fouettent les vitres du wagon. On s'étonne de ne pas entendre dans l'air matinal des flûtes de pâtres. Délicieux réveil ! Les ombres de la nuit ont emporté le féroce tintamarre de la langue magyare. Le latin, le vieux latin populaire des légions trajanes court nu-tête et nu-pieds sous les sapins et le long des ruisseaux. On arrive sur la hauteur de Prédéal, terre roumaine, et le train s'en précipite avec une sorte d'allégresse dans la vallée de la Prahova. C'est par là qu'il faut entrer, par ces rocs, ces forêts, ces eaux vives, ces pentes herbeuses, par ces Carpathes qui furent si maternelles à la Roumanie, quand la vie de sa plaine dévastée refluait dans leur sein de calcaire et d'ombre.

Aujourd'hui, la Cour et l'aristocratie roumaine y établissent leur résidence d'été. De la villa des Bratiano, qui, derrière la gare de Prédéal, semble marquer la frontière, jusqu'au château royal de Sinaia, sur un espace d'environ cinq lieues, magistrats, ministres et anciens ministres, diplomates, généraux, députés, viennent passer les mois ou les jours torrides sous les ombrages du domaine de la Couronne.

Petite Suisse aux grands hôtels, mais dont les chalets rehaussent leur coquetterie d'une pointe orientale. On y trouve des torrents et des concerts de tsiganes, des fabriques et des fermes modèles, des paysans modèles, une école modèle ; des légendes apprivoisées par la Reine dans les hautes forêts entretenues par le Roi ; des attelages admirables; des postillons princiers, ainsi qu'au temps des Hospodars, vêtus de tapisserie des bottes à la tête et plus enrubannés que des arbres de mai; des jardins et des parcs; le lit capricieux d'une rivière où croissent des saules, et, le soir, sur des ponts éclairés à la lumière électrique, des troupeaux de brebis dont les toisons pressées ont le roulis des vagues. On y trouve un vieux monastère qui ressemble au grand monastère du Sinaï comme une châsse peut ressembler à une cathédrale, un adorable vieux monastère remis à neuf : son toit en saillie, ses fenêtres en encorbellement, et leurs petits vitrages peints ont des lueurs de gros joyaux sous la vigne grimpante. Mais ses moines n'ont point été restaurés : ils sont noirs, ils sont hirsutes, ils datent du Spatar Cantacuzène qui, deux cents ans passés, les consacra, dans cette vallée sauvage, à Notre-Dame, Mère de Dieu. On y trouve aussi le berceau de la dynastie roumaine, qui est un grand château de renaissance allemande. Et l'on y trouve surtout la société la plus aimable du monde, j'oserais presque ajouter : la plus française, car ce ne sont que docteurs ou licenciés de l'Université de Paris, ingénieurs diplômés de l'École centrale ou de l'École des mines, officiers élevés à Saint-Cyr, médecins sortis de nos hôpitaux ; et dans les gares, dans les hôtels, dans les salons, sur les routes et les sentiers, c'est en français qu'on parle, c'est en français qu'on rit, et si l'on aime en roumain, du moins c'est en français qu'on flirte.

A deux pas de la frontière, vous pouvez ainsi surprendre et d'un seul regard embrasser, dans cet ancien refuge d'opprimés qui fut également un repaire de bandits, une petite Roumanie moderne, fraîche, pimpante, légèrement pittoresque, une Roumanie d'exposition, miniature à demi officielle accrochée aux rocs des Carpathes. Première impression : aucun dépaysement, mais le sentiment que tout, sauf la nature et l'hospitalité, respire l'artifice ou l'extrême nouveauté.

Cette image d'elle-même que la Roumanie nous offre sur les limites montagneuses de ses avant-postes me frappe par ce qu'elle a de peu roumain. Je n'ignore pas que je suis dans une station d'été ; mais cette station, d'où le chemin de fer en quatre heures descend à Bucarest, n'est pas uniquement réservée aux villégiatures. Les vents de l'hiver qui ferment les hôtels de Sinaia n'empêchent pas les fabriques d'Azuga de marcher et de produire. Les enfants de Busteni continueront de se rendre matin et soir à ce chalet luxueux qu'on a construit pour leur apprendre à lire, et leur instituteur les mènera chaque dimanche à cette église dont l'iconostase peint d'hier flamboie comme un paradis de Byzance. Dans le jardin de l'église, le petit Amour qui émerge de son bassin ne se sentira pas abandonné quand la neige lui montera jusqu'à la ceinture.

Enfin le château royal n'est pas une simple résidence où la Cour vient se distraire des chaleurs de Bucarest : c'est le Versailles ou le Saint-Cloud de la royauté. Le roi Charles, « de cœur et d'âme avec son peuple, le bâtit en temps de paix comme en temps de guerre il fit de son royaume. »

Or, j'ai parcouru les industries d'Azuga, fabriques de verre, de bière, de draps et de meubles : toutes étaient dirigées par des étrangers et n'avaient en général pour ouvriers que des Hongrois. La manufacture de papier qui gronde à Busteni appartient à un Saxon de la Transylvanie, et les maisons des ouvriers, lourdes et basses, accusent suffisamment le goût d'un architecte germain. En face, sur l'autre rive de la Prahova, un riche propriétaire roumain a installé un élevage de truites, mais il en a confié la gérance à un Autrichien de Salzbourg. Je suis entré dans l'église restaurée du monastère, et j'y ai rencontré un peintre danois qui, depuis plus de deux ans, est occupé à en peindre les fresques. J'ai vu passer des maraîchers, et l'on m'a prévenu qu'ils étaient presque tous Serbes et Bulgares. L'hôtel de Busteni est tenu par un Juif; les plus beaux attelages qui sillonnent les routes sont conduits par des cochers russes.

Lorsque j'ai visité le château que le Roi édifia pour attester « qu'en ce beau pays sa dynastie librement élue avait enfoncé des racines profondes », le majordome saxon qui me promenait à travers ce fouillis de magnificences s'arrêtait à chaque instant et me répétait avec une orgueilleuse satisfaction : « C'est du vieil allemand, Monsieur, c'est tout à fait comme cela chez nous ! » Bahuts anciens, hautes cheminées, lambris de chêne, gnomes sculptés au bas d'un escalier par un huchier de Munich, boiseries que baigne éternellement le clair-obscur des grands bois, salles de manoir où le jour ne pénètre qu'en se colorant des sombres lueurs de l'Allemagne féodale peinte sur les vitraux, et les tours, les tourelles, les pignons qui hérissent ce château, moins château que musée : c'est bien la plus belle arche sainte des souvenirs et des rêves allemands. Mais voici, porte à porte, sous ces toits romantiques, un boudoir Louis XV, une chambre turque où courent des arabesques d'or, une salle de fête mauresque qui éclate comme une explosion de rire lumineux, et, plus haut, dans les étages supérieurs, des chambres pour les dames d'honneur, pas plus grandes que des cabines de vaisseau et si anglaises qu'on se croirait sur un paquebot des Indes. Que de styles, bon Dieu ! tous, il est vrai, opprimés par celui de la renaissance germanique. J'y cherche vainement le style roumain. Sauf les sujets empruntés aux ballades nationales du poète Alexandri, dont il plut à la Reine d'illustrer sa chambre de musique, rien ne m'y rappelle que je suis sur la terre roumaine. L'immense parc, qui enveloppe ce château d'un incomparable mystère et qui se déroule jusqu'au pied de la montagne, ressemble aux parcs anglais ; et quand la princesse, une petite-fille de la reine Victoria, y passe au galop de son cheval, on ne saurait imaginer de décor plus harmonieux à sa beauté. Que la flûte s'échappe de vos doigts, bergers mélancoliques des Carpathes, et laissez chanter Tennyson !

Oserai-je dire que je sens ici trop de vie factice, trop d'exotisme, le souci trop évident d'un passé qui n'est pas celui de cette terre et d'une civilisation qui n'en est pas naturellement sortie? Le commerce et l'industrie aux mains des étrangers, cette résidence d'un riche seigneur allemand qui aurait beaucoup voyagé, ces hôtels cosmopolites, ces quelques reliques d'autrefois effacées sous les enjolivures de leur rajeunissement, cette société aux trois quarts parisienne et, pour le dernier quart, de culture germanique, dont le seul usage roumain, persistant mais délicieux, consiste à vous offrir une cuillerée de confiture accompagnée d'un grand verre d'eau (encore est-ce un usage turc!), ce petit monde enfin, vu de l'extérieur, me donnerait l'idée — certainement fausse — d'un pays sans traditions, sans héritage, peu capable de se suffire à soi-même, créé de toutes pièces par la volonté de ses hommes politiques.

Mais ce sentiment national, dont les choses ne portent aucune empreinte, je le trouve, et singulièrement fort, dans les personnes qui m'entourent. J'ignore sa profondeur, mais il est là, presque à fleur d'âme. Le paysan que je rencontre parfois, en longue chemise blanche et en ceinture rouge, les jambes emprisonnées dans un pantalon de flanelle plus étroit qu'un caleçon et la tête coiffée, même au soleil, d'un bonnet de fourrure, ce paysan, qui d'un pas résigné chemine derrière ses bœufs, s'il consentait à desserrer ses lèvres, me répondrait sans doute : « Je suis Roumain », avec la même fierté que d'autres ont pu dire : « Je suis gentilhomme. »

Nous avons une vieille servante de la Transylvanie toute menue et toute guillerette et qui sourit par toutes les rides de son fin visage. Elle parle français, hongrois, allemand, peut-être anglais, autant de langues qu'elle servit de maîtres dans sa vie :

— Qu'êtes-vous, lui dis-je, Hongroise, Autrichienne ?

— Non pas, je suis Roumaine.

— Mais de la Transylvanie?

— De la Transylvanie, oui ; mais Roumaine.

Elle se moque des politiques et des géographes qui ont tracé de grosses lignes noires dans le massif des Carpathes. L'équilibre européen ne lui pèse pas plus que le fichu jaune dont elle se couvre la tête. Les six millions de Magyars ne peuvent rien contre la volonté de cette petite bonne femme qui se dit Roumaine. Certes, ses villages transylvains passent en richesse et en propreté ceux de la Roumanie. Elle n'en voit pas de plus beaux au monde. Mais cela prouve uniquement que les Roumains ont plus d'esprit du côté des Carpathes où elle est née.

Chez les enfants, le patriotisme s'éveille très tôt, avec l'impétuosité d'un printemps qui aurait couvé sous un long hiver. L'un d'eux, dans une promenade, comme sa mère hésitait à franchir un passage malaisé, lui dit gravement :

— Tu hésites, toi, une Roumaine?

Elle se mit à rire et sauta le pas.

Tout récemment, dans un examen, le professeur de géographie demandait à une fillette de la campagne : « Qu'est-ce qui entoure la Roumanie? » La fillette répondit : « Des ennemis. » Belle définition d'une patrie si chèrement disputée, si miraculeusement conservée, au cours des âges!

Tels enfants, telles mères. Les femmes mettent à porter leur titre de Roumaines autant de fierté que de coquetterie. Il me plaisait de voir la femme du Premier Ministre vêtue, pour recevoir ses visiteurs, d'un corsage de paysanne dont sa jupe de soie noire relevait encore la grâce et la simplicité, comme si son cœur battait plus à l'aise sous le tissu et les broderies rustiques. Du plus humble au plus haut fonctionnaire, chez presque tous ceux que j'aborde, c'est le même orgueil du nom roumain, et, dès qu'on touche à leur pays, la même susceptibilité.

Dieu merci, je ne m'étonne point que des gens soient patriotes ; mais qu'ils le soient avec cette verdeur de jeunesse et, pour ainsi dire, cette sensibilité farouche, je m'en étonnerais peut-être, si je ne comprenais qu'il entre dans leur amour de la patrie un peu de l'enthousiasme ombrageux d'un premier amour. Ils ont une patrie, et, bien qu'elle soit vieille de dix-sept cents ans, ils ne l'ont que d'hier. Pendant des siècles, ils se disaient Valaques, Moldaves, Grecs, Turcs, Autrichiens, Hongrois, que sais-je ! Seul, le paysan s'appelait Roumain, mais si bas que personne ne l'entendait. En 1854, les Turcs entraient à Bucarest. On criait dans les rues : « Vive le Sultan ! » Les femmes jetaient des fleurs. Et le voyageur témoin de cette ovation ajoutait : « L'heureuse capitale ! Elle a des allégresses pour tout le monde et pour toutes les causes, pour son prince Stirbey et pour ses Révolutionnaires, pour l'empereur Nicolas et pour

Abdul Medjid, pour les Cosaques et pour les Bachi-bozouks ! » Mais ces allégresses ne manifestaient que l'inconscience des Roumains et leur désemparement. Ils se cherchaient eux-mêmes et croyaient un instant s'être trouvés dans l'unanimité de l'acclamation. Aujourd'hui, ils se sont reconnus sur la colonne Trajane. Ils en descendent tous.

Cependant la plupart des grandes familles ne remontent guère au delà du XVIIe siècle. Et quel embrouillement de filiations ! Que de sangs mêlés ! Si les Golesco, les Kretzulesco, les Brancovano sont de vieille souche roumaine, la Grèce peut revendiquer les Cantacuzène, les Mauvrojeny, les Mourouzy, les Soutzo. J'en vois d'autres de provenance albanaise et surtout d'origine slave. D'ailleurs, quoi de plus mystérieux et de plus troublé que la source même de la nation roumaine ? Ce que nous nommons une race n'est souvent qu'une simplification hardie. Nous pétrissons selon nos désirs la cendre des morts. La Roumanie moderne a fait de la colonne Trajane son arbre généalogique. Sa langue toute latine lui en donnait le droit ; et l'on n'est point surpris d'entendre, dans les discours officiels, des hommes, dont l'arrière-grand-père vint du Fanar, se réclamer de leurs ancêtres romains.

Vous n'avez pas mis le pied en cet Orient de l'Europe que vous êtes enveloppé d'un immense bruissement de nationalités qui s'éveillent ou se réveillent. A ce moment même où, chez les anciennes nations, l'idée de Patrie a besoin de trouver des défenseurs, où des snobs et des égarés fredonnent l'*Internationale*, où des rhéteurs vieillis dans l'emphase font le geste d'abaisser les frontières, voici des frontières qui s'élèvent, des tranchées qui se creusent, des agglomérations qui s'organisent, des rivalités nationales qui se hérissent et se fortifient. Des peuples dispersés et presque oubliés ramassent leurs membres épars et se replient sur eux-mêmes. Chacun d'eux s'évertue à reconquérir sa personnalité morale. Les Tchèques, les Croates, les Serbes comme les Bulgares, les Roumains comme les Hongrois, s'agitent dans un frémissement d'orgueil. Et cette science, dont on nous a dit qu'elle préparait je ne sais quel avènement de je ne sais quel humanitarisme, c'est à sa lumière qu'ils exhument leurs traditions et fouillent dans leurs antiquités. C'est elle qui de leurs chroniques fait un champ de bataille où leurs savants se disputent des ancêtres et des héros. Jean Huniade fut-il Hongrois ou Roumain ? L'étude grammaticale devient une arme, la ballade populaire une cocarde, le manuscrit à demi rongé une lettre de noblesse, les ossements qu'on déterre au coin d'un champ des reliques de martyr. On a des larmes pour toutes les souffrances et pour toutes les morts qui ne furent pas assez pleurées. N'eût-on pas d'authentiques aïeux, on s'en créerait et l'on se créerait ainsi des dettes de reconnaissance qui sont les meilleures raisons de vivre. Le peuple ne croit en ses destinées que sur la foi des générations mortes. Il n'édifie son avenir qu'avec des pierres angulaires arrachées aux tombeaux. Le magnifique effort! Jamais tant de nationalités ne sont sorties plus fraîches de leur léthargie. Jamais le sens de la patrie, idéale ou réelle, n'a été plus conscient et plus affiné. L'homme marche d'un pas plus allègre, s'il peut voir, en retournant la tête, le sillon qu'il continue.

J'aime les Roumains qui, au jeune soleil de leur patrie, reconnaissent dans leur ombre la silhouette des colons de Trajan. Ils prolongent la gloire romaine jusqu'aux Carpathes et jusqu'à la mer Noire; et telle est la puissance des grands fantômes que je me surprends à comparer les paysans qui passent sous mes fenêtres aux vétérans de César établis dans un petit domaine, tandis que le pope, mon voisin, debout au milieu de son jardin potager, sous sa longue toge noire et sous sa toque d'avocat, me semble haranguer un forum de choux.

CHAPITRE III

SUR LA ROUTE DE BUCAREST

Il faut toujours songer au kalpak quand on voyage en Roumanie ; et c'était bien l'idée de M. Jean Bratiano, ministre des Affaires étrangères, lorsqu'il me choisit lui-même dans sa bibliothèque les récits les plus marquants des voyageurs qui avaient visité son pays à la fin du xviiie siècle et jusqu'en 1848. « La Roumanie, me disait-il, ne vaut qu'on l'étudie que si on se reporte constamment à cinquante ans en arrière. J'affirme alors que même la métamorphose du Japon en État moderne est moins extraordinaire que la rénovation des Principautés danubiennes. » Et il ajoutait : « Notre histoire se divise en trois grandes périodes : la première qui s'étend des origines à la fin du xviie siècle, confuse, sanglante, barbare, héroïque. Nous sommes balayés par les invasions. Toutes les hordes qui s'abattent sur l'Europe, les Roumains en sont les brise-lames. Puis les Russes, les Autrichiens, les Polonais, les Hongrois, les Turcs s'acharnent contre nous, et nos boyars s'acharnent contre eux-mêmes. Notez que, jusqu'au prince Charles, nous ne comptons pas plus de quatre princes qui aient régné au moins dix ans. Comment avons-nous persisté ? Il y a du miracle dans la vie de notre peuple. La seconde période part du XVIIIe siècle. Les Turcs, qui n'ont pu nous anéantir, ont cependant réservé sur nous leur droit de suzeraineté. La Valachie et la Moldavie exténuées reçoivent leurs princes de la main du sultan qui les choisit parmi les drogmans de son quartier du Fanar. Durant cent années, elles ne seront plus que les fermes de Stamboul, livrées sans résistance à tous les marchandages et à toutes les corruptions. Ce n'est qu'aux environs de 1820 que nous commençons à remuer sous cet amas d'ignominies. Trente ans encore d'incertitudes, d'anxiété, de douloureux tâtonnements, mais aussi de jeunesse et de foi ; et nous touchons aux temps modernes qui sont venus tard pour nous. Lisez maintenant les témoignages de ceux qui nous virent dans notre nuit de misère ou à l'aube de notre journée. »

J'ai lu : c'est une lecture effarante. Sommes-nous en Europe, en Asie, chez les Aztèques ou chez les Topinambous ? Je n'imagine pas de farce plus sinistre que la vie d'un hospodar Fanariote.

Premier acte : le quartier du Fanar. Un petit

Grec de rien du tout, ancien « grammaticus », obséquieux, beau parleur, que sa connaissance des langues étrangères a rendu indispensable aux Turcs, canal par où passent tous les mensonges et tous les marchés, vient d'acheter du Sultan le gouvernement d'une principauté. Aussitôt les gros banquiers et les gros marchands frappent à la porte de la nouvelle Altesse, suivis ou précédés des quémandeurs, des flatteurs, des parasites et des parents pauvres. On s'entasse sur le seuil, on se bouscule dans l'escalier. Le Prince accueille les requêtes, débat les prix, discute les surenchères, débite des honneurs et distribue des charges.

Second acte : le voyage. Son Altesse met trente jours à gagner Bucarest ou Iassi. Les villages qu'on traverse retentissent des quatre cents chevaux et des cent chariots qui l'accompagnent, sans compter les carrosses. De clocher en clocher les cloches carillonnantes annoncent l'arrivée du vautour; et, quand il entre dans sa ville, l'archevêque le reçoit sur le parvis de la cathédrale et lui donne sa bénédiction. Vous ne reconnaîtriez plus alors le *Græculus* de Byzance : tout ce bruit et ces hommages le grandissent à ses propres yeux. Il se sent hospodar à en crever d'orgueil. Le palais s'ouvre : il s'y avance, la tête courbée, le menton sur la poitrine, les paupières mi-closes. Il roule entre ses doigts un petit chapelet d'ambre, mais, de son autre main, il pétrit au fond de sa poche une poignée de monnaies d'or nouvellement frappées. Il parle peu, d'une voix douce et cadencée. Il ne répond pas ; il feint la surdité ; il est sourd comme un dieu. Les boyars s'empressent ; les uns le soulèvent et veillent à ce que ses pieds touchent à peine la terre, les autres tiennent la queue de sa robe. « Sous cet aspect d'auguste paralytique », il passe dans ses appartements privés où seul « il lâche prestement le chapelet pour la pipe. »

Troisième acte : il règne, c'est-à-dire qu'il crée de nouveaux impôts. Il règne, mais sans déballer ses malles. Richesses, argent, bijoux, meubles précieux, et même ses vêtements restent enfermés dans des coffres de voyage. Sois toujours prêt à partir ! recommande la sagesse grecque.

Quatrième acte : il règne de plus en plus. Les paysans qui font appel à sa justice sont jetés dans des basses-fosses ou condamnés aux mines de sel. Son représentant à Constantinople lui mande que sa chute est prochaine et son trône remis à l'encan : il se hâte de jouir. Le firman qui le dépose est en route : il se gorge. Le Métropolitain le lui transmet : il vide les caisses, cependant que les indigènes se consolent de son départ en préparant la réception de son successeur.

Cinquième acte : notre hospodar est empalé, à

moins que le quartier du Fanar ne s'embellisse d'un nouveau palais où il jouit en paix de sa fructueuse administration.

Dans le nombre des Fanariotes, il y en eut de bons, il y en eut de pires. Mais les boyars ne valaient pas mieux. Un Grec à cheval, les étriers hauts et les genoux en équerre, « branlant la tête comme un magot de plâtre », les remplit d'une sainte épouvante. On les voit mendier dans son antichambre la permission de porter la barbe. Qu'ils demeurent tapis chez eux ou qu'ils roulent carrosse dans les rues défoncées des villes et singent effrénément la société de Vienne et de Paris, les témoignages restent les mêmes, d'une précision monotone et accablante. Ils sont fainéants, vaniteux jusque-là qu'ils se croient les plus nobles des Occidentaux, prodigues d'un or qu'ils font suer aux paysans dans d'infâmes supplices, enragés de jouissance, gavés de bonne chère, subtils et cruels. L'Anglais Wilkinson, consul à Bucarest en 1820, note que leurs conversations ne roulent que sur des obscénités. Ils torturent leurs esclaves tsiganes. Mutilations, fantaisies de boyars. En 1835, on nous parle encore de moules de pierre où des hommes enfermés vivants se putréfient. Un cuisinier gâte une sauce : l'intendant lui brûle la cervelle. La femme d'un médecin français, dépouillée par des brigands, va se plaindre au Spatar et reconnaît sur la tête de ce généralissime un de ses cachemirs volés. Un membre de la cour souveraine, sommé d'acquitter une lettre de change, prétend qu'on a falsifié sa signature. « Osez donc la regarder! » s'écrie l'honnête et maladroit créancier. Le juge saisit la lettre et, pour mieux la lire, l'approche d'une bougie si près qu'elle s'y enflamme. « Quand j'ai visité les salines, écrit en 1839 F. Colson, c'est-à-dire les bagnes où sont envoyés les plus grands criminels, je n'y ai pas trouvé un seul boyar! »

Mais leur vie est un bagne. Ces esclaves de leur ventre et de leur vanité le sont encore plus des hospodars. Et qui ne tremble pas sous l'énorme kalpak? Le Turc décapite aussi facilement un hospodar qu'un hospodar fait d'un boyar et un boyar d'un paysan. Partout la trahison, la vénalité, la paresse et la mort. Thouvenel, en 1840, l'aimable Saint-Marc Girardin, quelques années avant, s'étonnent d'une démoralisation si profonde. Entre les boyars, dont les plus intelligents sont des blasés, et les paysans en fuite ou terrés dans leurs tanières[1], point de bourgeoisie; des

1. « Les paysans se retirent dans des excavations pratiquées sous leurs misérables huttes et y entretiennent un petit feu avec du fumier et des branches d'arbres. » (Wilkinson, *Tableau historique, géographique et politique de la Moldavie et de la Valachie*, Londres, 1820.)

étrangers, des Arméniens, des Levantins, d'anciens janissaires, des Juifs trafiquent et remplissent toutes les fonctions. Le divorce a dissous la famille; la peur, le sentiment de la patrie. Aucune religion : des pratiques grossières. Le clergé national s'avilit dans une ignorance gothique et presque cimmérienne. Un seigneur surprend un jour une de ses paysannes en train de brouter de l'herbe : c'est le pope qui lui a prescrit cette pénitence. Mais, au milieu du silence des campagnes, d'admirables monastères, dédiés aux Saints Lieux, se dressent, exempts de tout impôt, citadelles du clergé grec, gouffres où se sont abîmées les richesses du pays; car le pays est riche, naturellement et spontanément riche. La terre désolée ne demande qu'à produire. A défaut des semences qu'on lui refuse, elle se prodigue en fleurs; elle étale pour des yeux qui ne veulent pas comprendre d'immenses prairies d'amarantes et d'anémones.

Les voyageurs ne soupçonnent pas encore d'où viendra le salut : de l'Autriche? de la Russie? Ils constatent cependant, à partir de 1830, des symptômes de renaissance, une instruction plus répandue, le progrès des idées françaises, la bonne volonté des princes indigènes, qui sous la tutelle russe ont succédé aux Fanariotes. Faibles indices. Ils ne devinent pas quelle merveilleuse aventure se prépare ; d'ailleurs, leurs hôtes l'ignorent eux-mêmes[1]. Mais tous se sentent pris au cœur par cette nature à demi sauvage et qui croise sur d'inutiles trésors ses bras désespérés. Ils en emportent l'image de la plus grande infortune. Ni les horribles marchés d'esclaves tsiganes ; ni les paysans dont la longue chevelure et les sandales en peau de chèvre ne connaissent que le vent des paniques; ni les haillons qui, au bord des routes, rendent le sourire des femmes si navrant; ni leurs yeux de madones italiennes où les anges semblent toujours pleurer, tant d'intelligence perdue, tant de beauté dégradée les émeuvent moins encore que les faces d'abandon par lesquelles la nature dénonce le crime des hommes. En 1839, de Moltke, appelé comme instructeur des troupes à Constantinople, traversa la Roumanie. La vue de ces friches lugubres et de ces champs, plus labourés des canons étrangers que des charrues valaques, éveilla la compassion dans son âme carnassière. La terre roumaine eut le triste honneur de le faire gémir sur nos folies dévastatrices et de lui donner peut-être sa première

1. Un boyar disait à Thouvenel : « Que deviendra ce malheureux pays? Dieu seul le sait. La Russie et l'Autriche se sont peut-être déjà, par un traité secret, partagé la Valachie. » Et il ajoutait : « On nous plaisante sur nos modes et nos tentatives de réformes. On juge notre présent, mais on oublie trop le passé qui l'excuse. » (Thouvenel, *La Hongrie et la Valachie*, Paris, 1840.)

et sa dernière nausée du sang. C'est sur cette vision que je ferme mes livres et que je quitte Sinaia, en quête d'une Roumanie plus roumaine.

La vallée de la Prahova s'élargit. Nous entrons dans la région des collines et du sel et du pétrole. Cette route de Prédéal à Bucarest a l'avantage de nous faire parcourir en quelques heures les divers aspects de la Roumanie, et l'on pourrait même y installer dans les chemins de fer un cours d'économie politique à l'usage des voyageurs.

Arrêt à Campina et première leçon. Campina, gros bourg assez éloigné de la gare, n'offre rien de remarquable, sinon qu'au pied de ses collines et jusqu'aux terrasses de Doftana la terre sent effroyablement le pétrole. L'odeur vous en poursuit même sur les noix cassées que les enfants vous vendent dans des cornets de feuilles vertes.

Il s'en est fallu de peu que le bourg somnolent de Campina ne devînt la capitale d'un royaume financier. L'industrie du pétrole était presque inconnue des anciens Valaques. Les campagnards n'utilisaient le suintement de la terre qu'à graisser les roues de leurs chariots. Mais, dès que le progrès scientifique eut fait de ce combustible un des moteurs les plus nécessaires à la vie moderne, les capitaux étrangers accoururent. On dit qu'ils y furent malheureux et que des Sociétés durent arrêter leurs fouilles où, je ne sais par quel ensorcellement, le pétrole avalait leurs millions et ne voulait pas sortir. Cependant une Compagnie roumaine associée à une Compagnie de Budapest rompit le charme; et de 1870 à la fin du siècle, la production de Campina s'éleva de quinze mille à cinq cent mille tonnes. Le pétrole roumain jaillit, bouillonna, enfuma le ciel, transforma des hectares de terre en lac noir, donna la fièvre aux spéculateurs et aux pauvres paysans qui descendent dans les exhalaisons de leurs puits à la lueur d'un miroir.

Il fit tant de tapage qu'il empêcha M. Rockefeller de dormir. M. Rockefeller, ne dormant pas, vint en Roumanie et sollicita du Gouvernement la concession des terrains pétrolifères appartenant à l'État. Les finances roumaines étaient alors à toute extrémité. Ce pays agricole et sans irrigation, dont la prospérité tient au caprice du ciel, avait eu contre lui des étés aussi avares de pluie que ses gouvernants s'étaient montrés peu ménagers de son or. A cet instant critique où l'on se voue au diable, le diable apparaissait sous la forme du trust américain. On discuta, on s'échauffa : bref, le pacte fut repoussé. Et c'est ici que la leçon d'économie politique variera singulièrement, selon que vous l'entendrez d'un membre du parti libéral ou du parti conservateur.

Les conservateurs roumains, qui se distinguent

des libéraux en ce qu'ils ne désirent pas conserver pour leur pays la jouissance exclusive de ses richesses, vous diront : « Regardez ces petites exploitations dangereuses et primitives et toutes ces terres que la sonde n'a pas encore interrogées. Songez à la région de Buzeu qui ne produira vraiment que du jour où le pétrole canalisé aboutira au Danube. Rockefeller l'y eût mené, lui! Nous ne voulons pas que des étrangers exploitent un bien que nous sommes incapables d'exploiter nous-mêmes. Nos riches propriétaires n'aventureront jamais un liard dans une entreprise financière, tant que leurs récoltes et les hypothèques à dix pour cent leur assureront de tranquilles bénéfices. Nous redoutons un monopole américain que l'immensité de nos terrains et l'énormité fatale de nos prétentions rendraient irréalisable, et nous en créons un chez nous, terrible, le monopole du farniente. »

Les libéraux, qui se distinguent des conservateurs en ce qu'ils ont moins de libéralisme envers les étrangers, répondent : « Nous ne redoutons pas plus les Américains que les Français, les Anglais, les Allemands ou les autres peuples. La preuve en est que presque toutes les sociétés de pétrole ont été montées par des Anglais et des Hollandais. Mais nous refusons de nous laisser englober dans le vaste accaparement d'un trust et d'aliéner au profit d'un roi de l'or une richesse nationale. Le pétrole est pour nous ce qu'est le diamant noir pour l'Angleterre. Le génie industriel qui nous manque aujourd'hui, notre patience saura peut-être l'acquérir et le transmettre à nos enfants. »

Cependant, le matériel des chemins de fer ne suffit pas; les capitaux sont souvent trop faibles pour affronter des risques inévitables; les raffineries, trop nombreuses et peu sûres. Mais la silencieuse Campina, où les collines meurent si doucement à l'horizon, n'en reste pas moins un des grands réservoirs de la fortune roumaine.

J'ai toujours éprouvé un extrême plaisir à visiter les exploitations et les usines tumultueuses d'où nous tirons pour notre vie commune les plus humbles produits. Mon incompétence en matière scientifique, loin de m'en écarter, ne fait que leur donner à mes yeux un prestige plus attirant, une figure plus mystérieuse. Leurs engins perfectionnés me ravissent comme une expression toujours nouvelle de la subtilité des hommes; mais j'admire autant les naïfs outillages qui ont plus d'âme. Seulement, je retrouve partout les mêmes attitudes de peine, d'incertitude et de misère. Le paysan ouvrier sort des puits de pétrole, noir, hideux, criblé de pierres, à demi asphyxié. Quelle somme de périls et de labeur représentent les choses d'un simple ménage! Et que les hommes ont donc tort de se mépriser ou de se haïr, quand ils se devraient mutuellement tant de gratitude et de pitié !

Du pétrole de Campina, j'ai passé au sel de Slanic. Il faut quitter la grande ligne de Bucarest et remonter en arrière dans les bois et les collines. De jolies forêts, un lit de rivière desséché, des maisonnettes aux toits rouges, puis l'air salubre des hauteurs, et Slanic, la *petite reine du sel*, avec ses musiques de tsiganes, ses hôtels de baigneurs, son scintillement de gaîté, son éparpillement de lumière. Les ruisseaux pétillent de sel, les herbes en brillent, les wagonnets en brasillent, les lèvres même des belles filles en avivent leur fraîcheur.

Une mine de sel : n'imaginez-vous pas à ces mots un palais de neige et de grésil? Lorsque, à trois cents pieds sous terre, le monte-charge où nous sommes installés atteint la hauteur de la galerie, j'aperçois tout en bas de petits hommes blancs qui se remuent sur un sol gris et crayeux, au milieu de blocs grisâtres ou blafards. Peu à peu, les hommes grandissent. On met le pied dans le sel. Ce n'est pas une mine ! c'est une cathédrale. Les galeries, plus hautes que la voûte de Notre-Dame, ont cinquante mètres de large et s'étendent sur une longueur de deux cents mètres. Des festons de ténèbres tombent, à peine pâlis, au-dessus des becs électriques incapables d'en éclairer les profondeurs. Les murs sont comme striés de lignes noires et blanches qui ondulent, se recourbent, serpentent ou se prolongent avec une rigueur géométrique. On dirait le dessin capricieux des veines au cœur d'un gigantesque chêne et parfois aussi d'étranges figures que le temps et la suie se seraient amusés à tracer sur de vieilles murailles. Cette basilique, qui semble sortir d'une fouille prodigieuse, est pleine de trous, de crevasses, de décombres. Mais, lorsque la lumière crue se projette sur un de ces décombres, dalle polie ou monceau de pavés, vous croiriez que la pioche a déterré un trésor de pierreries, tant cette blancheur étincelle. Plus loin, tout est sombre, murs et éboulements. C'est le sel noir dont on use d'ordinaire pour les animaux : ses blocs ressemblent à des ruines d'incendie. Et partout voltige un gaz léger dont l'âcre odeur vous pique les lèvres et la gorge.

Les ouvriers, sous leurs longues blouses blanches barrées d'une ceinture rouge, commencent par découper dans le sol une énorme table qui pèserait environ quinze cents kilogrammes ; puis ils enfoncent dessous de gros leviers de bois et s'y appuient en cadence jusqu'à la soulever de terre ; ensuite ils la morcellent. Dans les autres mines on emploie des forçats à ce travail pénible, mais simple. Ici, ce sont des ouvriers, tous Roumains. L'État les paie environ deux francs par jour. Ils sont en général mariés et pères d'une nombreuse famille. Comment vivent-ils? Je le demandai à l'ingénieur, et l'ingénieur se le demandait à lui-même. Tant il y a qu'ils vivent; et j'ai rarement rencontré une assemblée de jeunes hommes au visage plus ouvert et plus intelligent. J'avais déjà remarqué combien le Roumain du peuple a l'air décidé, surtout si on le compare au Serbe et à l'épais Bulgare. Point de brume dans ses yeux, mais de la hardiesse mêlée à de la douceur, et, inconscient ou non, le goût des idées claires.

Comme je sortais de la mine, je contemplai un instant le panorama de cette petite ville d'industrie et de plaisir, et je vis une grande maison neuve, la plus belle du pays. C'était le pénitencier. J'admirai le souci qu'on avait eu des pauvres malfaiteurs; mais on me fit observer que je devais garder mon admiration pour la prison de Doftana.

Naguère, paraît-il, on pouvait voir dans la montagne de Doftana un affreux bagne d'où les gardiens conduisaient chaque jour les forçats aux salines ; et quelquefois aussi les forçats y conduisaient les gardiens, car ces promenades quotidiennes avaient rapproché les distances et le vin qu'on buvait en route égalisait les humeurs. Le vieux bagne fut détruit, et le gouvernement édifia. près de la mine, pour les galériens désormais privés de leurs caravanes, un établissement où les architectes s'efforcèrent de réaliser le confort le plus moderne. Seulement, quand tout fut terminé et que la lumière électrique illumina ces intérieurs hygiéniques et humanitaires, on s'avisa que bientôt la mine manquerait de sel. Il ne restait plus aux architectes qu'à organiser des ateliers non moins confortables et aux heureux criminels qu'à fabriquer des salières.

D'où vient que tous les peuples jeunes qui entrent en coup de vent dans la civilisation n'ont rien de plus pressé que de loger superbement et de traiter magnifiquement leurs plus insignes faussaires, voleurs et assassins ? Je conviens qu'ils ont à faire oublier les derniers cinquante ans de supplices et de tortures qui les distinguent des vieilles nations. Mais les paysans et les ouvriers sont plus intéressants que les repris de justice ; et l'on pourrait peut-être recrépir leurs chaumières avant de donner au repentir des autres une si belle façade. Ce luxe architectural des prisons, c'est la période romantique de la bâtisse. Les Roumains en connurent tous les emportements.

Lorsque je regagnai la grande ligne et que j'arrivai à Ploiesti, vieille cité rajeunie et qui, comme toutes les villes roumaines, embrasse une étendue qu'elle ne remplit pas, je m'arrêtai stupéfait devant un monument où je lus : *Lycée Saint-Pierre et Saint-Paul*. Des lions sculptés en gardent l'escalier de pierre, et les statues des deux Saints la porte d'entrée. Les médaillons sur les murs, les hauts reliefs au tympan du fronton, toute la magnificence de ce palais ou de cette Académie ne répond guère à l'idée d'une simple maison où les enfants viennent apprendre les règles de grammaire et les mathématiques ; les mathématiques surtout ! Ce lycée, dont le devis montait à quatre cent mille francs, en a coûté plus d'un million. Mais, comme les prisons grandioses indiquent chez les jeunes peuples le désir d'affirmer leur humanité, les lycées fastueux prouvent leur enthousiasme pour la science. Et les fenêtres par où ils jettent leur argent ouvrent du moins sur de beaux horizons.

De Ploiesti à Bucarest, la plaine s'étale ininterrompue, océan de maïs d'où émerge çà et là un bouquet d'arbres. Et devant cette immensité de la terre qui va se perdre en l'immensité du ciel, je comprends le mot de détresse d'une vieille paysanne roumaine qui, ruinée, disait un jour à un de mes compagnons :

— Je n'ai plus rien : je regarde le ciel et la terre.

Quel geste dans ce mot ! Et que de fois, sur cette plaine tant ravagée, les yeux des créatures humaines s'élevèrent et s'abaissèrent, également désespérés, vers ces deux infinis également silencieux !

CHAPITRE IV

QUELQUES SINGULARITÉS DE BUCAREST

Les fortifications et les faubourgs de la ville noircissent dans le lointain comme les môles d'un port. Et nous entrons en gare. Petite gare étroite et basse pour une si grande ville. Les événements semblent avoir ici dépassé l'attente des hommes. J'aime à voir cette porte de Bucarest qui cède déjà et s'élargira bientôt sous la poussée de la fortune.

« Vers cinq heures du soir, écrivait en 1846 Stanislas Bellanger, nous nous arrêtâmes devant une haie de chardons desséchés. Une barrière à bascule se souleva au milieu de la haie, c'était Bucarest. La capitale des Hospodars me serra le cœur. » En ce temps-là les rues principales n'étaient que des fossés recouverts de madriers où s'accumulaient les ordures et d'où, à la tombée des pluies, jaillissaient sous les pas des chevaux des geysers de boue. La première chaussée date de 1844. La nuit, la ville n'avait d'éclairage que les lueurs des torches qui brûlaient dans la cour des grands boyars. On passait d'un faubourg à l'autre sur des ponts d'une largeur de deux planches. Et, sans sortir de la ville, là où s'épanouit aujourd'hui le jardin du Cismegiu, les amateurs, dans les marais et les roseaux, chassaient le canard sauvage.

De cette agglomération de faubourgs, où la saleté de l'Orient croupissait le long des rues et autour de cent vingt-sept églises, de ce chaos si pitoyable que l'apparition subite d'un hôtel princier y semblait une bravade effrontée à la misère, les Roumains, en moins de cinquante ans, ont tiré une ville singulière, pleine encore de disparates, sans caractère très accusé, un peu prétentieuse, un peu folle, mais gaie.

Elle est gaie de la jolie gaieté que donnent aux villes verdoyantes leur ceinture et leur voile de feuillage. Dans le tremblement des arbres, les toits les plus revêches ont toujours l'air de sourire. Et Bucarest sourit sur trois mille hectares. Elle est gaie de ses irrégularités mêmes et de ses contrastes. Elle a des paresses de ville orientale qui s'allonge et s'étire, et s'endort jusqu'au ras du ciel. Il lui faut de l'espace, de la lumière, des rues interminables et qui ne mènent à rien, des songes de rue où la hutte s'adosse au mur de la villa, le spectre de la bicoque à l'illusion du palais. Elle ne mêle pas trop les divers peuples qui la hantent : elle a son quartier russe, son quartier arménien, son quartier juif, son quartier bulgare, ses rues d'épiciers grecs. Mais, comme les poissons d'eau salée, entraînés par les courants, dégénèrent dans une eau plus douce, tous ces Orientaux y ont perdu leur couleur; et même le paysan roumain des *Mahalas* ou banlieues copie la jaquette de son boyar. Je ne vois que les tsiganes à demi nus, accroupis dans les carrefours, qui sauvent la face de l'Orient.

A mesure qu'on se rapproche du centre, Bucarest se réveille, secoue ses dernières vapeurs de narghilé. Elle veut être sérieuse. Et, coup sur coup, elle a fait sortir de terre une Banque nationale qui est le plus beau temple élevé à la fortune aveugle, — une Caisse des Dépôts et Consignations si gracieuse qu'elle vous donne envie d'y voir déposer des objets d'art et consigner toutes les toiles de Grigoresco, — un Palais de Justice capable de contenir les plaideurs et les avocats des cinq parties du monde, — et un Palais des Postes dont le Palais de Justice est humilié, la Banque Nationale épouvantée et la Caisse des Dépôts écrasée. Quand M. Sturdza, président du Conseil, passe devant le Palais des Postes, M. Sturdza, qui se connaît en chiffres, fait le signe de la croix, tant ce monument lui paraît de suggestion diabolique.

Après avoir ainsi montré son austérité, Bucarest devient une petite Parisienne très coquette, très élégante, très bijoutière et délicieusement affairée. La rue de la Victoire se remplit vers le soir d'un frou-frou de jupes et d'une rumeur de conquêtes. Nulle part, sauf à Paris, je n'ai vu plus d'aisance, plus de distinction naturelle, et, sur les visages, ce sentiment que la vie en elle-même est chose exquise et capiteuse. Les épiceries flamboyantes regorgent de gentilshommes qui s'aiguisent l'appétit aux sandwichs de caviar. Les confiseries sont assiégées. Sur la chaussée Kiselef, cette Avenue du Bois, les équipages défilent entre des rangées de beaux arbres et de magnifiques hôtels.

Cependant, derrière ces apparences de Française, je retrouve l'Orientale. Je la retrouve dans son luxe disproportionné à sa fortune, dans ses nombreuses domesticités, dans l'habitude qu'ont ses femmes du monde de ne sortir qu'en voiture et qui survit à leur ancienne oisiveté, dans cette insouciance enfin qu'on devine profonde sous les phosphorescences du plaisir. L'Orientale, oui; mais la Roumaine, où est-elle? Parmi tous ces édifices dont les lignes s'avancent jusqu'au bord des terrains vagues et s'arrêtent comme si le gouffre de la banqueroute s'était ouvert à leur pied, je cherche une maison, un toit, un pignon, un mur d'architecture roumaine. Je parcours les magasins et les bazars : hormis les broderies paysannes, je ne découvre rien qui ne vienne de l'étranger.

Les Allemands, les Autrichiens, les Suisses, les Grecs, quelques Français et d'innombrables Juifs se partagent le commerce. Le tailleur de pierre est un Italien ; le cabaretier, un Albanais ; le maraîcher, un Bulgare. Et le Roumain ? Vous le demandez ? Un fonctionnaire, un avocat ou un homme politique, et souvent les deux derniers ensemble. Et voici qu'au cours de mes promenades, une image se lève en moi, l'image d'une autre ville pareille à Bucarest, d'un autre peuple qui ressemblait à celui-ci. Colonies étrangères puissantes ; indigènes voués à la politique, condamnés aux professions libérales ; une société dépensière et charmante ; une industrie encore vacillante et hasardeuse ; des folies de construction ; des transformations extraordinaires ; une patrie voulue, dans un admirable élan, par une aristocratie d'autant plus séparée du peuple qu'elle a été plus intelligente et plus hardie : en vérité, j'ai déjà vu tout cela, dans les Républiques de l'Amérique du Sud, tout, la même indolence amoureuse des carrosses, orientale ici et là-bas espagnole, le même goût de la parure et de la parfumerie, la même émulation d'esprit démocratique, tout, vous dis-je, jusqu'à ce beau dédain des titres de noblesse, qui, du reste, ne va pas plus loin que les frontières.

Mais ce que je n'ai vu en aucun lieu du monde, ce sont les fiacres et les cochers de Bucarest. Pour un prix modeste, on peut s'offrir une promenade dans une calèche mollement suspendue et traînée par deux superbes chevaux que conduit, sous son cafetan de velours bleu serré à la taille d'une ceinture éclatante, un gros eunuque morne et glabre, fils, petit-fils et père d'eunuques. Parfaitement. La mentalité slave nous réserve de ces surprises. Les *skoptsy*, sujets russes, proscrits de Russie et protégés par la légation russe, sont de très honnêtes automédons et de sanglants mystiques. Sobres, ponctuels, économes, ils ont toutes les vertus du petit épicier de Montrouge et quelques autres par où ils s'assurent contre les défaillances de la chair. Ils se marient et, à leur premier ou deuxième enfant, ils se mettent en l'état de ne plus en avoir. On m'a conté que cette abdication donnait lieu à une fête de famille présidée par le doyen de la communauté. Si vous passez dans leur quartier, à l'heure du thé, vous pourrez entrevoir, autour des samovars, des réunions patriarcales qui semblent composées de grosses commères bouffies au visage singulièrement frippé. L'épigraphe de la *Sonate à Kreutzer* expliquerait peut-être ces étranges soprani. D'ailleurs, sectaires indulgents, ils aiment les beaux chevaux qui hennissent et savent en ralentir l'allure quand ils promènent des dames trop solitaires et que les galants veulent monter près d'elles sans arrêter l'équipage.

Bucarest admet tous les cultes, et ce n'est pas le moins étonnant de ses caractères que la liberté dont jouissent les citoyens sur son ancienne terre de servitude et d'épouvante. Il faut bien croire que la religion nationale existe, au bruit que font de temps en temps ses métropolitains et à l'inépuisable activité du bon saint Démètre, dont la cathédrale garde les reliques et dont le principal miracle, en ces dernières années, me paraît être d'avoir restauré les finances du pays sous le nom de M. Démètre Sturdza. Il faut croire qu'elle existe au nombre incalculable des fêtes chômées. Excellente religion pour des fonctionnaires. Le clergé se tient à l'écart, et l'idée religieuse ne s'aventure guère sur la scène où seules les passions politiques battent le fer. La virulence des journaux confond même un Français. Libéraux et conservateurs se prennent à la gorge sans qu'on puisse toujours préciser les points essentiels où ils diffèrent. Ce sont moins des opinions que des habitudes et des intérêts personnels qui les engagent les uns contre les autres. Et puis, que deviendrait la liberté de la presse si tout le monde était d'accord ? Les Roumains s'injurient pour user de cette sainte liberté.

Les mœurs sont douces. Une dame roumaine me disait : « Que ne voyez-vous Bucarest sous la neige, lorsque le trot de ses chevaux résonne sourdement et que ce grand calme rend ses nuits presque mystérieuses et pures. » Faute de neige, Bucarest se ouate de tolérance. Le scandale, — qui du reste n'y est pas plus fréquent que dans les autres capitales, — y passe léger, assourdi, rapide. Il est un mot qui remonte constamment sur les lèvres roumaines, demi-sourire, demi-soupir, et si pitoyable! « Mme X... a trompé son mari, dit-on : la pauvre! Et M. X... s'est consolé avec Mme Y... : le pauvre! » On se marie, on divorce, on se remarie, on est aimé, trahi, repris, abandonné, on naît, on meurt, on se ruine, on s'enrichit, on est toujours « le pauvre! » ou « la pauvre! » *Mortales ægri.* Les potins de la Roumanie débordent de mélancolie virgilienne.

On m'avait assuré que le divorce tendait à diminuer : je veux le croire, mais la plupart des personnes que je rencontre sont divorcées. On divorce à tout âge. Telle jeune fille se mariera pour divorcer et pour jouir ainsi des privilèges d'une jeune veuve. Entre vieux époux, que leur tête-à-tête commence à exaspérer, le divorce intervient et les réconcilie. On peut voir des ménages brouillés; on ne voit guère de divorcés qui ne se saluent, ne se visitent, ne se donnent les marques de la plus tendre politesse. De la ruine des familles, les Roumains ont fait une école de bonne amitié. Ce n'est point à dire qu'au milieu de cette débâcle, qui de sa continuité même emprunte une apparence de cours normal et régulier, on ne trouve des familles unies. Mais elles m'ont paru un peu plus rares qu'ailleurs.

L'absence de toute contrainte religieuse et son universelle indulgence répandent sur la société roumaine une grâce un peu molle, la grâce d'une gerbe opulente imparfaitement liée. L'opinion du monde n'y exerce aucune tyrannie.

Un soir que je traversais une rue excentrique, je m'approchai d'une humble maison où un corbillard s'était arrêté, un corbillard tout sculpté, surmonté d'anges aux ailes étendues et attelé de quatre chevaux caparaçonnés de noir. Deux cochers russes, obèses, descendus sur le trottoir, s'y promenaient lentement. Les croque-morts avaient appuyé à la grille voisine d'un jardin leurs cierges dont la lumière éclairait l'envers des feuilles et dont la cire tombait en stalactites sur l'herbe verte. Je me demandai pour quel cadavre, dans cette obscure maison, on avait attelé les quatre chevaux à l'illustre char. Quelques badauds regardaient la porte sombre : je fis comme eux. Il en sortit une bière ouverte où je ne distinguai, sous un voile blanc semé de fleurs, que deux mains croisées, deux mains de femme rigides et blêmes. Les porteurs, en l'introduisant dans le corbillard, découvrirent la morte, et elle nous apparut un instant, la tête en bas, pareille à je ne sais quelle funèbre idole. Les gens s'étaient avancés et se penchaient pour voir aux lueurs du crépuscule ce visage fermé et ces yeux clos vainement tournés vers les premières étoiles. Le corbillard s'éloigna, suivi d'un modeste cortège qui ne répondait guère à sa magnificence. Et mon étonnement grandit lorsque j'appris que la défunte était la femme d'un simple employé. Mais j'appris aussi que les Roumains ont le culte des belles funérailles, que des sociétés se sont constituées, et que les petites gens y versent un ou deux francs par mois, afin d'avoir un jour un grand corbillard traîné par quatre chevaux. La beauté de leur enterrement devient le luxe de leur vie. Ils n'ont économisé, durant toute leur existence, que ce dernier bruit qu'ils font sur le pavé des rues. C'est leur ambition d'entrer dans la mort en somptueux équipage, persuadés sans doute que leur saint Patron dira en les voyant ainsi : « Seigneur, ils ne se sont peut-être pas assez brouillés avec les vanités du monde; mais tout de même, quel beau corbillard ! Quels beaux anges d'ébène ! Et quels chevaux ! Et quels cochers ! Seigneur, recevez-les dans votre miséricorde — les pauvres ! »

CHAPITRE V

MONSIEUR KALINDERO

Pourquoi je rendis visite à M. Kalindero, administrateur des Biens de la Couronne, je ne me le rappelle pas exactement, et cela n'a aucune importance. M. Kalindero est un homme délicieux, un homme qui semble vivre comme vous et moi, mais qui en réalité vit d'une tout autre vie merveilleuse et légendaire. Je sens poindre un mythe dans l'histoire de ce Roumain dont les aïeux vinrent de la Grèce. Ses pieds pousseront des racines ; ses jambes seront prises dans une gaine de lierre et de feuillage ; des mains pieuses déposeront devant ses images du lait et des fleurs ; les mésanges de la Balta feront leur nid sur sa tête. On n'échappe pas à sa destinée. La destinée de M. Kalindero est d'être métamorphosé en dieu rustique.

A l'heure où je vous parle, M. Kalindero réside, au fond d'un jardin, dans le plus gracieux des chalets. Ce n'est pas un chalet ordinaire. On devine, rien qu'à le voir, que les plus beaux arbres de Sadova dans la plaine, de Dobrovetz dans les collines, et de Borca dans la montagne, se sont dit un jour : « Si nous allions à Bucarest abriter et loger notre petit père, M. Kalindero ? » Et ils se sont mis en route comme à l'époque des Orphées. Et M. Kalindero respire, marche et travaille au milieu de ces essences familières, dans l'odeur âpre et fraîche de la plaine, de la colline et de la montagne.

Mais il ne s'y oublie pas. M. Kalindero a le don de se transporter en un clin d'œil des rives du Danube au sommet des Carpathes. C'est le bon génie des bois, des coteaux où croissent les vignes, des pentes où naît le houblon, des pâturages, des labours, des étables et des chaumières. Derrière lui, les cerfs et les chevreuils bondissent, les vaches gonflent leur pis, les poulains cabriolent et les ruchers ronflent. Pour les terres pauvres, cet homme fantastique a les yeux pleins d'azote. Son regard les engraisse.

Un matin, le paysan aperçoit en face de chez lui une fine église qu'il n'avait jamais vue. Il se frotte les yeux, croit rêver, puis réfléchit : « C'est M. Kalindero qui a passé. » « C'est M. Kalindero qui a passé ! » s'écrient les enfants qui découvrent au tournant de la route une maison d'école dont ils n'avaient jamais soupçonné l'existence. De tous côtés retentissent : « Vive le Roi ! Vive la Reine ! Vive le Prince ! Vive la Princesse ! » Et l'on se dit : « Bon ! c'est M. Kalindero qui passe. »

M. Kalindero s'imagine avoir l'oreille un peu dure, mais les paysans seront les derniers à s'en apercevoir. Et je crois que cette très légère surdité vient de ce qu'il écoute toujours au fond de lui-même le grondement des machines à battre et le grincement des scieries. Dès qu'on l'entretient de son œuvre, il entend à merveille : ses yeux pétillent, sa bouche s'éclaire d'une malice charmante :

— Oui, fait-il, l'ancien docteur en droit de Paris, l'ancien magistrat que je suis s'est consacré tout entier à l'agriculture. J'y ai apporté du bon sens et l'amour de mon pays. J'enseigne aux hommes à défricher les champs, à élever leur bétail, à régler la coupe des forêts, à tresser le chanvre, à tourner l'osier, à mouler l'argile, à tirer de la terre toute l'aisance et toute la joie qu'elle peut leur donner. Mais je leur prêche aussi la morale qui fait les sillons plus beaux et la religion qui les rend plus sacrés. Vous lirez mes discours prononcés en roumain et publiés par moi-même en français. Et surtout, ne l'oubliez pas, je leur inculque la fidélité dynastique qu'ils avaient désapprise depuis Étienne le Grand et Michel le Brave. Tenez, voici une petite bibliothèque populaire que notre administration répand sur ses domaines. Prenez un livre : *Confection des chapeaux de paille*, ou *Culture de la luzerne*, ou *Notions sur les potagers*. Ouvrez-le. Qu'y voyez-vous à la première page ? Le portrait du Roi ; le portrait de la Reine ; le Prince en grand uniforme ; notre adorable Princesse ! Je vous recommande ces illustrations. Il y va de l'avenir de notre pays... Et je veux que nos paysans s'instruisent et s'amusent. J'organise des conférences d'instituteurs. Je leur bâtis des théâtres. Oh ! le bon peuple si longtemps méconnu ! La bonne terre si longtemps maltraitée ! La bonne, grasse, plantureuse et sainte terre ! Que lui faut-il ? Du fumier, — pas d'engrais chimique ! — rien qu'un peu de fumier, et la douce lumière de la raison !

Il repousse ses livres et saute sur ses pieds :

— Venez, que je vous montre notre musée !

Malgré sa corpulence et son poil gris, c'est un jeune homme impatient, allègre. Il court à sa porte ; il l'ouvre ; il me pousse en avant... et je me trouve devant un grand tableau où une nymphe éblouissante trempe ses pieds nus dans l'humide reflet des saules.

— Ah ! ceci, s'écrie-t-il, ce n'est pas du musée ! Je viens de l'acheter pour moi. Elle est jolie, n'est-ce pas ? Mais, je vous en prie, regardez-moi ces chapeaux de paille fabriqués par nos paysannes, et ces paniers... et ces pots... sont-ils assez mignons, ces petits pots-là !...

Depuis vingt ans, M. Kalindero n'a jamais voulu toucher un sou des trente mille francs que le Roi affecte chaque année à son traitement. Il n'ambitionne d'autre récompense que d'être béni des paysans et de jouer au billard en compagnie de Sa Majesté. Cependant, un soir, il confia à la Reine qu'il désirait être enterré, — le plus tard possible, — avec sa robe de magistrat, le menton dans son jabot de dentelles.

CHAPITRE VI

LE ROMAN DE LA ROUMANIE

Que M. Kalindero me le pardonne, mais cet ancien thesmothète, descendant d'Hésiode, fertile en beaux discours et sagement passionné pour la science de l'Économique, m'a ramené aux Fanariotes. Je voudrais me préciser à moi-même les traits distinctifs de ce caractère roumain qui m'attire et me captive; et je crains que mes premières lectures ne m'aient induit en erreur.

Les Roumains et les voyageurs d'autrefois se tromperaient-ils sur le compte de ces étrangers grecs que leur jugement transforme en maniaques oppresseurs ou en subtiles bêtes de proie? Je viens de lire les *Mémoires* du prince Nicolas Soutzo, parus à Vienne, en 1899, et écrits dans le français le plus alerte. Ce Nicolas Soutzo était le fils du dernier Fanariote qui régna en Valachie et dont la mort assez opportune fut peut-être hâtée par certaine poudre blanche répandue sur certain vésicatoire. Il nous raconte son enfance au Fanar, ce sanctuaire du génie grec, ce berceau mystérieux de l'hétairie. Toute sa famille y demeure confinée dans la solitude et presque la misère d'un gigantesque palais de bois qui domine les eaux du Bosphore et qu'assiègent la méfiance et la grossièreté des Turcs. Les soirs d'été, les enfants y font des simulacres de danses, sans musique, à la lueur d'une chandelle; et le chef de police flaire encore un scandale dans ces muets ébats. On vit courbé sous la peur, mais penché sur le rêve de l'indépendance grecque. Les vertus ont élu domicile entre ces murs qui disent éloquemment l'instabilité de la fortune à Byzance. Les femmes y sont des saintes, les hommes des patriarches prêts à verser leur sang pour la cause hellénique.

Que les Principautés valaque et moldave se félicitent donc d'avoir eu de tels hospodars; ils les ont sauvées des pachas turcs. Ce ne furent point les Grecs qui les asservirent; ce furent leurs propres boyars dont les rivalités les réduisirent à l'état de provinces byzantines. Le pompeux Quinet, au lieu de reculer devant les horreurs du Fanar et de lancer ses foudres contre les Fanariotes, aurait dû prendre garde que ces étrangers introduisaient en Moldavie et en Valachie les rudiments de la culture grecque et les principes d'une civilisation supérieure.

Ils ne songeaient qu'à la libération de la Grèce.

Mais leur était-il défendu de voir se lever sur les roseaux du Danube l'étoile messianique de leur délivrance? Ils promenaient à travers des peuples qui semblaient morts l'idée d'une résurrection. Les Turcs, imprudemment, avaient ouvert les cimetières roumains à des thaumaturges très circonspects, il est vrai, mais dont la voix devait un jour réveiller la Grèce. Et qui se mêle de ressusciter les morts sait-il jamais quels morts sortiront les premiers du tombeau? Quand les vieilles femmes de Constantinople et toute la canaille des rues, sans respect de ces fils d'hospodars ou hospodars futurs, outrageaient et lapidaient les giaours du Fanar, ceux-ci, habitués à dévorer l'injure, ne répliquaient que par ces mots énigmatiques : « Θὰ ἔλθῃ τὸ ῥωμαῖκο » (Viendra le romaïque!) Le romaïque, c'était dans leur esprit le triomphe de la Grèce, ce pouvait être aussi le triomphe du vieil élément roumain.

Et puis ils aimaient la terre roumaine, — je ne dis pas qu'ils l'aimaient comme M. Kalindero, oh non! — mais elle les attirait d'un invincible aimant. Pour en jouir deux ou trois ans, ils affrontaient les supplices et la mort aux écueils du retour. Prisonniers, déchus, n'ayant conservé leur tête qu'au prix de leurs biens, ils ne s'estimaient pas encore rassasiés de la douce et triste Roumanie. D'ailleurs, ils n'avaient pas attendu d'en être les princes pour en poursuivre la conquête. A la chute de Byzance, tandis que leurs savants cinglaient vers l'Italie, leurs commerçants plus modestes trouvaient leurs Apennins au delà du Danube.

Et je me demande si la Roumanie n'aurait pas quelque raison d'en remercier la Destinée. Ils ne l'ont pas plus pillée que n'eussent fait ses boyars. Leurs grammairiens, qui écrivaient des in-folio de cinq cents pages sur la particule πι, ne l'ont pas plus assommée que n'eussent fait ses popes. Ce n'est point avec des chants d'Homère et des bribes de Platon que l'on forme des hommes. Mais son sang un peu lourd coula plus légèrement dans ses veines lorsqu'il s'y mêla du sang grec. Ils lui donnèrent, ces rusés sophistes, un esprit plus fin, un entendement plus souple, une curiosité ingénieuse, peut-être le goût de l'intrigue et des habiles manœuvres, où l'on respire toujours le sens pratique, comme les prises d'air dans les lacets d'une mine. Je vois errer un sourire grec sur les lèvres mêmes qui par habitude maudissent les Fanariotes. Et si le caractère roumain me semble encore très malaisé à définir, j'en devine la cause dans sa précieuse complexité. Il n'est point en saillies : il est tout en nuances. Les teintes chaudes de l'Orient s'y sont refroidies, mais pas au point qu'on ne puisse les reconnaître, et la délicatesse hellénique en affine les lignes et les contours.

Qu'il est donc amusant d'apprendre l'histoire sur les lieux mêmes où elle s'est faite, l'histoire moins écrite que parlée, vivante, agissante, erronée peut-être... Mais qui sait l'histoire? La lumière scientifique des archives n'est qu'une espèce de soleil de minuit : elle n'éclaire jamais le combat des hommes. Nous nous recréons sans cesse notre passé, et nous n'arrivons à tomber d'accord que longtemps après que cette prétendue vérité n'a plus aucun intérêt pour notre vie. La logique des événements que nous nous évertuons à reconstruire a été continuellement rompue par leur réfraction sur nos faibles intelligences. L'hérésie historique est l'âme même de la liberté des peuples. C'est par là qu'ils se dérobent à l'étreinte du déterminisme. Que de beaux procès à reviser les Roumains ménagent aux historiens futurs! Et, si leurs Fanariotes ne me paraissent pas aussi noirs qu'ils les peignent, que dirai-je de leur ancienne boyarerie? Était-elle à ce point corrompue et croupissante? Mais alors comment expliquer leur relèvement? Faut-il croire à une génération spontanée de héros?

M. Pompiliu Éliade, dans son excellent livre sur l'*Influence des idées françaises sur l'esprit public en Roumanie*, M. Xenopol, dans sa magistrale et monumentale *Histoire des Roumains*, se sont attachés à nous montrer l'idée nationale cheminant sous des sapes ignorées à travers tout le XVIIIe siècle. Elle tressaille au bruit lointain de la Révolution française; et, lorsque les Grecs, soulevés par Ypsilanti, s'insurgent contre les Turcs dans la plaine de Bucarest, elle sort de terre. Elle est sombre, violente, avec une face de jacquerie et des gestes de guillotine. Un homme d'assez basse naissance, inculte, peuple dans l'âme, affamé de rancune et de haine, et dont les légendes de Quatre-vingt-treize tyrannisent l'imagination, entraîne les paysans exaspérés qui ne sauraient distinguer entre les Grecs et les boyars. Tudor Vladimiresco, bientôt assassiné par les sicaires d'Ypsilanti, a tout de même déchiré la nuit roumaine d'une rude clameur. Les boyars ont tremblé devant le cri sauvage de la glèbe.

A ce moment, de la Transylvanie, que les Hongrois oppriment, descendent des morts ressuscités. Un jeune théologien, G. Lazar, arrive dans Iassi et, sous couleur d'y enseigner l'arpentage, a le courage d'y prêcher la restauration latine et d'opposer à la misère présente la splendeur du passé. Les Transylvains avaient découvert la colonne Trajane. Je ne crains pas de dire qu'on retrouve en ce miracle la main des Jésuites. En effet, les Jésuites avaient converti au catholicisme un certain nombre de Transylvains orthodoxes et avaient recruté parmi eux une élite de jeunes prêtres dont les plus distingués furent envoyés au collège de la Propagande à Rome. Ils en revinrent enthousiastes de Trajan, brûlant d'un orgueilleux amour pour la patrie roumaine. La Roumanie renaissant sous la double influence des Jésuites et des Jacobins, voilà certes un paradoxe ironique de la Providence ! Mais elle fit son indépendance, comme les oiseaux leur nid, de tout ce qu'elle put ravir à la force ou à la ruse du bec et des griffes: des poils de l'ours moscovite, de la laine rouge des calottes turques, des bourres de fusils français, des parchemins allemands et d'un peu de cette argile sacrée que les petits papistes de la Transylvanie avaient, à la semelle de leurs souliers, rapportée de la Ville Éternelle.

Je ne sais pas d'histoire plus dramatique et plus poignante, de roman plus passionné que la vie de la Roumanie de 1821 à 1876, ni de plus étrange. Car, enfin, j'en reviens toujours là, d'où surgissent ses libérateurs ? En 1829, la Russie réorganise la Moldavie et la Valachie qui n'en restent pas moins vassales de la Porte. Son Règlement Organique tourne bientôt en organisation tyrannique. Les hospodars indigènes ne relèvent plus que de l'arbitraire des consuls russes. Et c'est dans ce milieu terrorisé que des fils de boyars se forment, se concertent, complotent d'arracher l'indépendance de leur pays aux autocrates de l'Europe. Les Campineano, les Kretzulesco, les Golesco, les Bratiano, — on les compte ! — ne sont rien : des matelots naufragés, accrochés à une épave, au milieu de cuirassés formidables. Ils n'ont rien, ni millions, ni soldats, ni partisans, rien qu'une idée merveilleuse et très simple comme toutes les idées merveilleuses. « Du moment que notre peuple n'est pas mort, disent-ils, c'est qu'il doit vivre. » Mais sont-ils sûrs que leur peuple vive encore? Ils vont de l'avant sans retourner la tête. Leurs cerveaux renferment plus d'utopies qu'il n'en faudrait pour ruiner un pays prospère. Ils ne voient la vie qu'à travers les lunettes de nos théoriciens révolutionnaires. Nous n'avons pas plutôt renversé Louis-Philippe qu'ils s'emparent de Bucarest, et, membres d'un gouvernement provisoire, redoublent d'insultes contre le tsar. Le manuscrit du Règlement Organique, placé sur un char funèbre, est traîné devant le consulat russe, où il est brûlé, au milieu d'une mascarade d'hommes travestis en prêtres et de musiciens vêtus de noir qui jouent des airs de danse.

Folie, absurdité! Est-ce avec des échauffourées et des arlequinades qu'on régénère une nation agonisante? Mais vous ne connaissez l'Europe ni le monde. Ces fous les connaissent. Les larmes dévorées en silence, les meurtrissures tacitement subies ont-elles jamais soulevé la pitié des nations étrangères? Il s'agit de frapper l'imagination. La bulle du Pape brûlée par Luther active l'incendie de l'Allemagne. On fera payer cher à ces carbonari leur burlesque et bruyante audace. Ils entendront de nouveau les canons russes rouler sur la pauvre terre roumaine. Mais dispersés à travers l'Europe, par le livre, le journal, la brochure, la parole, ils donnent un corps et une âme à ce vague fantôme : la Roumanie. Michelet s'émeut, et, quand Michelet s'émeut, des milliers de cœurs frémissent. Napoléon III les écoute et lève sur leur beau songe sa lourde paupière. Ne croyez pas à leur folie. Ces révolutionnaires, qui flattent le lion de 48 et qui caressent l'aigle impériale, ne sont pas même des républicains. Ils veulent la Roumanie libre, mais à sa tête un prince étranger. Quinet les gourmande. Qu'a-t-on besoin d'un prince, quand on possède la Déclaration des Droits de l'homme? Un prince? Quelle défaillance! Mais Bratiano y tient, à son prince. Il a l'usage de ses boyars, et sait que les Républiques font les Pologne. Ne croyez pas à leur folie ou dites alors que la moitié de l'Europe a été folle avec eux! Chaque grand coup dont la France, l'Angleterre, la Russie ont ébranlé l'Orient est suivi d'un redressement de la patrie roumaine.

Avec quel art ils ont louvoyé entre les convoitises extérieures et les ambitions intestines! Et quelle prudence alors même qu'ils semblent céder à leur emportement! Je remarque que presque toutes leurs étapes vers l'affranchissement définitif, — la Révolution de 48, l'élection du prince Couza, et celle du prince de Hohenzollern, — ont été comme des marches de nuit et d'éclatantes surprises. Leurs plus grandes habiletés ont souvent l'air d'aventures, et le procédé révolutionnaire devient entre leurs mains un instrument de précision. Qui leur a transmis tant de sagesse dans la témérité? Qui donc a transformé, en moins d'une génération, ces fils de prétendus barbares à demi byzantins, élevés par des Grecs et des tsiganes? Regardez Bratiano, leur chef de file. Il est né plus conspirateur que notre Retz; mais son esprit pratique perce à chaque instant sous le romantisme des conjurations. Il a le feuillage sonore et prophétique des idéologues et les racines tenaces d'un politique réaliste. La nature l'a doué d'une extraordinaire séduction qui lui survit encore dans le sourire et le regard de ses filles et de ses fils. Ce charme que la langue roumaine appelle le *Viens ici*, il s'en est servi quarante ans pour grouper autour de sa patrie les sympathies de l'Europe et pour se jouer de la menace des Congrès. Et d'ailleurs, ils ont tous un peu de ce charme, les hommes roumains. Les jeux de la fortune, dont leurs pères ont éprouvé la brutalité, leur ont légué dans les choses de la vie l'insouciance orientale des beaux joueurs. Des politiques grecs, ils ont hérité un esprit dont la mobilité changeante, mais à lumières fixes, se déplace et vous enserre. Et, s'ils ont peut-être emprunté aux Slaves leur grâce insinuante, je reconnais en eux la passion des idées générales qui d'ordinaire caractérise les nations latines. Et, par-dessus tout, ce sont d'incomparables assimilateurs.

A mesure qu'on pénètre dans la société roumaine et qu'on en traverse les zones, leurs diverses colorations s'expliquent moins par la différence des conditions que par celle de la culture, ici toute française, là toute allemande, là mi-parisienne et mi-berlinoise, plus loin déjà anglaise.

Le type français-roumain est certainement le plus nombreux et le plus varié. Notre façon de prendre légèrement les choses et de ne jamais étaler nos vertus n'est souvent que la forme plaisante et délicate de notre modestie. Les Roumains, élevés à notre école, ont encore raffiné sur cette délicatesse. Vous serez étonné d'apprendre que tel homme qui se présente à vous comme un gai vivant, un heureux cosmopolite, a dépensé la moitié de sa fortune en fondations charitables ; que tel autre, dont tous les rêves semblent errer captifs entre le Gymnase et l'Opéra, consacre les trois quarts de sa vie au bien-être de ses paysans. Notre ministre, M. Henry, si justement apprécié et aimé, me racontait qu'il avait vu entrer un jour dans son cabinet de travail un membre de la société roumaine qui lui apportait vingt mille francs pour le Collège français et qui, ne voulant point être nommé, paraissait même s'excuser de cette insignifiante donation! Dois-je craindre de citer ici les Bibesco, les Brancovano, les Plagino, les Lahovary et tant d'autres dont les noms relèvent le blason roumain d'un si joli cimier de chevalerie et de claire intelligence? Deux journaux quotidiens, *l'Indépendance Roumaine* et *la Roumanie*, se publient en français, et nous n'en avons guère de mieux rédigés. La grande zone française de la nation roumaine est un des plus beaux miroirs où puisse se complaire notre ancienne fierté. Nos idées et nos sentiments y prennent une teinte infiniment attrayante. Ce n'est plus nous et c'est nous encore : c'est nous avec une courtoisie peut-être plus hospitalière, une instruction féminine parfois plus étendue et le lustre indéfinissable que donnent à ces Latins du dernier promontoire les lueurs proches de l'Orient.

Mais un certain nombre de Roumains se sont avisés que les peuples latins souffraient d'une excitation nerveuse dont seuls les docteurs de Berlin pouvaient les guérir. « La culture allemande, me disait l'un d'eux, c'est notre bromure » Il est admirable qu'on reconnaisse la plupart du temps un jeune Roumain germanisé avant même qu'il n'ouvre la bouche. Toute son allure est glacée de raideur militaire. Il commence un salut avec le geste brusque du soldat qui jette la main à son képi. Il est réservé, un peu morne; il se défie de son âme de Latin; il la tient dans une sévère discipline; il a toujours peur qu'elle ne s'échappe et ne s'amuse à brouiller l'ordonnance de ses concepts. Il porte gravement un oiseau en cage. Pour les hommes âgés, Berlin est devenu la Ville Sainte, la Mecque de la Science et des Vertus morales. D'aucuns même, quand ils en parlent, ne désignent l'objet de leur culte que sous de pieuses périphrases. Ils disent : « Mon étoile m'a conduit chez des hommes ayant la crainte du Seigneur », ou encore : « J'ai appris dans le livre de la vie, mais non dans celui de la vie pleine de péchés. » Cette illusion assez agaçante ne laisse pas d'être fort respectable. La politique extérieure de la Roumanie, qu'il ne m'appartient pas de juger, l'a mise à la remorque de la Triple Alliance. Il est naturel que la chaloupe ressente les ondulations du sillage. Mais je crois que les Roumains auraient beaucoup de peine à se germaniser : leurs défauts s'y opposent, et leurs qualités encore plus.

D'autres enfin semblent avoir orienté leurs préférences du côté de l'Angleterre. Ils y ont acquis un sens délié des affaires et la rapidité de décision si remarquable chez les anciens sportsmen de Cambridge ou d'Oxford.

Sans cette faculté d'assimilation, je m'expliquerais mal la métamorphose presque soudaine des Principautés du Danube. Mais ce n'est pas impunément qu'on a vécu, durant plus d'un demi-siècle, dans les coups de main et les coups de théâtre. Ce n'est pas impunément que le cœur s'est accoutumé à de pareilles péripéties! Il arriva un moment où les qualités qui avaient servi les Roumains faillirent se retourner contre eux. S'ils n'avaient pris la précaution de mettre à leur tête un prince étranger, et si ce prince ne s'était, de sa propre volonté, placé et maintenu au-dessus des partis, leur œuvre eût peut-être sombré. Les malheurs qu'ils avaient traversés sous l'anarchie de leurs boyars et la tyrannie de leurs Fanariotes leur avaient forgé un esprit politique dont ils ne connaissaient pas eux-mêmes toute la valeur. Dès que les événements et les succès la leur révélèrent, ils ne conçurent plus d'autre forme à leur activité. Ces révolutionnaires heureux avaient fatalement gardé le goût des révolutions. Et lorsque, après la victoire, il s'agit d'organiser le pays, ils se résignèrent difficilement aux labeurs plus obscurs. De nouveaux partis se formèrent dont les désaccords théoriques assez insignifiants ne justifiaient guère la fureur, mais dont les passions prouvaient, en ce jeune royaume, une surabondance d'énergies que son autonomie enfin conquise avait abandonnées à elles-mêmes sans but et sans emploi. Complots, commencements d'insurrections, agitation antidynastique, bagarres dans les rues ou autour des scrutins, dilapidation des finances, renversements des ministères : tels furent les dangereux incidents dont ces hommes, qui s'étaient développés dans une atmosphère d'émeute, et que la sécurité n'avait pas encore assagis, défrayèrent et, en quelque sorte, dramatisèrent les vingt premières années de leur indépendance.

L'étranger ne saurait juger entre conservateurs et libéraux ; mais il a cette impression que, contrairement à certains grands pays, comme la France, où la représentation nationale est inférieure au niveau de la nation, en Roumanie elle lui est très supérieure, j'oserais dire qu'elle lui est trop supérieure. Des hommes d'État, autrefois les Bratiano et les Lascar Catargi, aujourd'hui les Carp et les Také Ionesco[1], par la nature même de leur talent, sont amenés, pour remplir leur mesure, à se créer des

1. M. Také Ionesco est un des chefs les plus remarquables du parti conservateur, et son orateur le plus éloquent. Il vient de rentrer au ministère, avec le portefeuille des Finances.

complications et des conflits qui n'ont ni cause ni objet dans la réalité.

— On nous reproche, me disait plaisamment un Roumain, de ne point posséder d'industrie nationale. Erreur! Nous fabriquons des politiciens, de quoi fournir l'Europe!

— En effet, lui répondis-je; et je regrette parfois que les nations amies ne s'approvisionnent pas chez vous. Songez quel intérêt il y aurait pour les peuples, que la médiocrité de leur Parlement oppresse, à pouvoir utiliser les éminentes énergies du marché roumain. Aurait-on besoin d'un orateur lucide, nerveux, habile et entraînant, toujours maître de soi comme de ses auditeurs : on appellerait M. Také Ionesco. Les finances seraient-elles aux abois : vite, M. Sturdza prendrait le train. Et, si nous avions à résoudre avec bonne humeur quelque dure question sociale, vous nous prêteriez M. Carp.

— Bon, reprit-il, mais vous ignorez les déchets de cette industrie. Les creusets en absorbent tout ce que la nation produit de jeunesse et d'espérance, et, pour une œuvre d'art réussie, que de belle matière gâchée! Encore si le chef-d'œuvre trouvait son emploi! Nous sommes encombrés et pauvres. Comprenez-vous que, dans un pays où tout le monde s'entend sur la politique extérieure, sur le système de l'impôt et sur le régime administratif, les partis passent leur temps à s'entre-déchirer?

— Je comprends que dans un pays qui, depuis soixante ans, ne vit que par ses hommes politiques et qui n'a dû son salut qu'à ses hommes politiques, la fièvre de la politique ne soit pas facile à calmer. Vos berceaux vagissent de l'ambition des petits Bratianos futurs; et je ne m'étonne pas que la société roumaine soit presque uniquement composée de politiciens. Mais, entre votre oligarchie tumultueuse et vos paysans qui me paraissent bien silencieux, je vois une bourgeoisie naissante où s'agrègent chaque jour des hommes probes, laborieux, instruits, modestes, excellents. J'ai eu l'heureuse occasion d'en connaître que la seule force de leur intelligence et de leur travail avait élevés aux honneurs, et qui, du ministère même de l'Instruction publique, regrettaient leur obscurité. Chez tous j'ai senti le désintéressement et cette somme de petits sacrifices quotidiens, la meilleure des caisses d'épargne pour un pays d'avenir. Récemment, ils ont montré ce qu'ils valaient, quand, du soir au lendemain, le ministère libéral réduisit de vingt à trente pour cent les traitements des fonctionnaires. Ils n'avaient point, comme vous dites, d'argent blanc pour les jours noirs. Ils durent changer d'existence, plusieurs même de fonctions. L'intérêt de la patrie l'exigeait. Ils n'ont pas murmuré et reprirent leur tâche avec la même conscience et le même dévouement.

— C'est vrai, fit-il, mais que deviennent nos fonctionnaires congédiés ? Le savez-vous ?

— Ils organisent des bals dont les invitations portent gravées deux mains fraternellement unies. On ne saurait rêver de protestation plus pacifique.

— Oui, s'écria-t-il, et, les chandelles du bal éteintes, ils vont grossir les clientèles de nos futurs ministres, les bandes de nos agitateurs. Fonctionnaires dégommés et malheureux aspirants aux fonctions publiques sont les pandours de notre société moderne. Je maudis la politique : nos professeurs en font; nos maîtres d'école en font; nos officiers en font; j'en ai fait! L'air même du Palais de Justice en est empoisonné. Tel avocat demandera mille francs d'honoraires, quand son parti est au pouvoir, et trois cents, quand son parti est tombé.

— La vénalité est de tous les temps et de tous les régimes.

— Et notre Roumanie vous semble le meilleur pays du monde?

— Non; mais je m'émerveille qu'un peuple si mal préparé à la liberté et qui, hier encore, paraissait enlisé dans une demi-barbarie, vive, grandisse, se dilate et prospère sous une Constitution que ses hommes d'État, pressés par les circonstances, lui ont rédigée...

— Dites bâclée!

— Soit... que ses hommes d'État lui ont bâclée en vingt-quatre heures, et la plus libérale de l'Europe. Certes, je soupçonne des faiblesses, des défaillances; je perçois des notes discordantes dans ce concert improvisé, mais je ne l'admire que plus dans ses larges harmonies.

Mon interlocuteur me regarda :

— Vous avez raison, fit-il avec un léger sourire. Les musiciens n'ont pas besoin de s'entendre : il leur suffit de regarder l'archet qui bat la mesure. Harmonieux concert! C'est cela, quelquefois... Cherchez maintenant le chef d'orchestre.

CHAPITRE VII

LE ROI

Je suis revenu au château de Sinaia. Ce berceau de la dynastie en est encore plus l'image. Ses pierres sont parlantes. L'histoire de l'homme qui l'habite se confond avec l'histoire de ses fondations. Pendant douze ans la terre roumaine s'est refusée à porter ce rêve allemand. Ce qui nous paraît une fantaisie d'architecture et d'art est un triomphe de la persévérance et de la volonté. Contre les architectes et les terrassiers, les sources de la montagne s'étaient conjurées. La nuit, elles jaillissaient de leur repaire et balayaient l'œuvre des hommes. Les ruisseaux du Pelesh, avec une perfidie toute fanariote, bouleversaient les tranchées et sourdaient sous la pierre. On amena des commissions d'experts et d'ingénieurs : ce fut une débandade. Les spécialistes conseillèrent au Roi d'abandonner la partie. Le Roi tint bon et la gagna.

J'ai assisté à Sinaia au retour de Leurs Majestés qui rentraient en Roumanie après une absence de deux mois. Je connaissais déjà la Reine pour l'avoir lue d'abord, et pour avoir respiré, dans la gare de Vienne, un œillet qu'elle avait donné à un employé du chemin de fer. Il s'approcha du fonctionnaire avec qui je m'entretenais :

— Prenez-le, dit-il en lui montrant l'œillet maladroitement piqué à sa blouse, j'ai les mains trop sales. C'est Carmen Sylva qui vient de passer et qui me l'a jeté par la portière. Sentez-le, Monsieur, il embaume !... Ah, c'est une reine, celle-là !

Le fonctionnaire prit la fleur et lui offrit un cigare :

— Merci, dit-il, un cigare, ça se fume, même quand on n'a pas les mains propres ; mais un œillet de reine, ça ne se garde pas.

Des yeux d'un iris extraordinairement bleu et qu'une éternelle surprise des choses de ce monde semble illuminer, un sourire qui se pose sur tout et sur tous et dont chacun peut se croire encouragé ou consolé, un timbre de voix très jeune et des mains qui, même vides, ont toujours l'air de semer des fleurs : c'est le souvenir qu'on emporte de la Reine, la meilleure des femmes.

Le Roi, le collet de son pardessus à demi relevé, ressemblait à un officier en retraite ragaillardi par une longue villégiature. Le regard enfoncé sous un front volontaire, l'accent aussi germanique que s'il n'avait jamais parlé le français et le roumain, il laisse deviner à son geste rare, presque timide, à son lent et froid sourire, qui n'est pourtant pas sans douceur, une énergie concentrée et habilement contenue. Et je me disais : « Voici un homme qui, à l'époque des *Rois en exil*, s'est forgé une couronne de fer. Il est entré dans ce pays déguisé comme Louis XVI fuyant à Varennes. Il n'éprouva pas ce coup de fortune inespéré d'un Bernadotte qui de soldat devint roi ; mais, né prince, on l'assit sur un trône étranger qu'il dut ensuite conquérir. De ce qui pouvait n'être, selon l'expression de Bismarck, « qu'un brillant souvenir de jeunesse », il a fait la réalité de son âge mûr. Enfin il compte peut-être parmi les hommes exceptionnels qui ont le droit de penser qu'ici-bas ils furent nécessaires. »

Le roman qu'il a vécu, il a eu la tranquille audace de l'écrire. En 1894, parurent les *Notes sur la vie du roi Charles de Roumanie par un témoin oculaire*[1]. Ce n'est ni un panégyrique ni une œuvre littéraire. C'est le journal le plus simple, le plus consciencieux, le plus méticuleux, le plus dénué d'artifice oratoire qu'un homme ait jamais tenu de sa propre existence. Lettres de famille, correspondance intime et politique, tout ce qui

1. (*Notes sur la vie du roi Charles de Roumanie par un témoin oculaire*. Bucarest, 1894. 4 volumes.

est susceptible d'éclairer son rôle, ses sentiments et l'histoire moderne de la Roumanie, il l'a offert aux Roumains qui ne lui en demandaient pas tant. Il le leur a étalé sous les yeux avec l'imperturbable sérénité d'un homme qui s'est jugé soi-même et ne craint rien du jugement des hommes. Assurément, il n'a pas tout dit; mais, quand on l'a lu, on cherche ce qu'il a bien pu cacher.

En 1859, la Moldavie et la Valachie, appuyées par la France, malgré la Turquie et l'Autriche, avaient élu le même prince et réalisé ainsi une union que leur refusait encore, l'année précédente, la Convention de Paris. Le prince choisi, le colonel Couza, ancien préfet démissionnaire, fut certainement un des plus grands hommes, sinon le plus grand, de la Roumanie moderne. A des défauts peut-être excessifs, mais qu'il partageait avec tant de boyars, la vanité et surtout la légèreté des mœurs, il joignait un grave amour de son pays, un désintéressement absolu, une vigoureuse intelligence et l'intrépidité d'un homme d'action. Ceux qui voudront étudier l'âme roumaine, devront s'arrêter longuement devant la figure de ce prince aimable, chevaleresque, beau viveur et beau joueur, à qui ses ennemis ne pardonnent pas encore ses insolentes générosités, et qui, sous son masque de jouisseur élégant, secondé d'un jouisseur comme lui, Cogalnitchano, imposa les trois réformes les plus hardies et les plus fécondes : l'expulsion des moines grecs, l'émancipation des paysans, l'instruction gratuite et obligatoire. On dira que, soucieux des intérêts de sa patrie, il ne montra d'indifférence qu'à l'égard des complots qui se tramaient contre lui. Et l'on ajoutera que, s'il aima le pouvoir, il n'eut point la faiblesse d'en traîner dans l'exil la dangereuse et turbulente nostalgie. Car on l'exila. On n'attendit pas l'heure où il désirait lui-même se démettre en faveur d'un prince étranger. On le surprit en pleine nuit, et on le jeta dans un coupé aux stores baissés dont les chevaux fouettés à tour de bras partirent vers la frontière.

Sans doute les Roumains tenaient à démontrer par une expérience irrécusable, qu'incapables d'obéir à l'un des leurs il leur fallait à tout prix un prince du dehors. Songez aussi que ce sont des révolutionnaires qui ont ébauché l'éducation politique d'une partie encore infime de la population. Le bruit qu'ils mènent les empêche d'entendre le grand silence du pays. Les villes seules s'agitent, et, dans les villes, un personnel d'émeutiers recrutés par d'éternels conspirateurs. Lorsque les conjurés s'acheminèrent dans la nuit vers le palais de Couza, l'un ayant répondu de l'armée, l'autre, de la magistrature, le troisième, du tiers état, le bon

Blaremberg se tourna du côté de Rosetti, l'ami des bouchers, l'ennemi des boyars, singulier mélange de gouailleur et d'illuminé : « Et vous, Rosetti, lui dit-il, vous êtes sûr du peuple ? » — « Le peuple ? fit Rosetti. Le peuple ? Il dort. »

Un peuple endormi et qui ne se réveille que pour applaudir frénétiquement l'élection du Comte de Flandre[1] ou de n'importe quel illustre inconnu, des émeutes, une armée indisciplinée, les finances à toute extrémité, des hommes politiques très forts, mais très divisés et qui, s'ils voient dans un prince étranger une garantie de paix et de sécurité, en escomptent l'inexpérience au profit de leurs ambitions ; telle est la situation où courait le jeune homme, agréé par Napoléon III, conseillé par Bismarck, et qui, le 16 mai 1866, traversait les lignes autrichiennes sous l'incognito d'un proscrit ou d'un amoureux.

L'Autriche en rumeur se préparait à la guerre. Les gares étaient encombrées, le service des bateaux interrompu sur le Danube. Il fut bloqué deux jours à Bazias. Ses compagnons ne se parlaient pas, de peur d'éveiller l'attention. C'est là qu'il vit pour la première fois des costumes de paysans roumains. Dans la sale auberge où il

1. Le comte de Flandres, frère cadet du roi de Belgique, avait d'abord été élu ; mais Napoléon III lui conseilla de refuser cette couronne.

s'était réfugié, des employés causaient, en mangeant, de son élection : « Cela ne durera pas longtemps, disaient-ils : les Valaques le chasseront[1]. » Il faisait froid ; le vent soufflait. Le jeune homme, dont chaque heure sur cette terre augmentait les dangers, se sentait l'âme transie. Enfin, le dimanche de la Pentecôte, il put s'embarquer. Il se faufila en seconde classe, où, assis entre des sacs de marchandise, il écrivit à l'Empereur François-Joseph. Vers quatre heures de relevée, on aborda au débarcadère de Tourno-Severine. Poussé par Bratiano, il sauta sur la terre ferme, et Bratiano, le dépassant pour se retourner aussitôt, lui fit front et, chapeau bas, salua son prince. Alors la foule ébahie entendit le capitaine du bateau s'écrier dans une comique fureur : « Pardieu, ce doit être le prince Hohenzollern ! »

C'était bien lui, le second fils du prince Charles-Antoine de Hohenzollern-Sigmaringen, hier encore chef d'escadron du deuxième régiment des dragons de la garde. Il avait vingt-sept ans. Ce héros d'une entreprise fort hasardeuse, dont l'audace plut à la France, alors que les Allemands, « toujours

1. Le roi Guillaume n'était pas loin de penser comme les gens de Bazias : « Si l'un de tes fils venait à être élu au trône de Roumanie, avait-il écrit, le 14 avril 1866, au prince Antoine, y a-t-il une garantie que cette monarchie, même constituée héréditairement, restât fidèle au prince élu ? Le passé de ces pays atteste le contraire... » (*Charles I*er*, Roi de Roumanie, Chronique, Actes, Documents*, publiés par Démètre A. Sturdza. Bucarest, 1899. t. I.)

sous l'empire des objections et des considérations », se réservaient à la juger, nous apparaît d'abord comme une âme délicate, très simple, avec un fond de timidité sentimentale. Il a reçu, le cœur serré d'une indicible émotion, la bénédiction de ses parents, le vendredi, matin de son départ. Il monta à cheval et s'élança des hauteurs du Jäkerkof, tandis que son père et sa mère, aux fenêtres du manoir, suivaient des yeux « leur fils si beau, si alerte. » (L'ouvrage fourmille de ces traits d'une candeur toute allemande.) Il a presque pleuré en quittant son uniforme des dragons prussiens, et, quand il endossera pour la première fois l'uniforme de général roumain, « qui ressemble à l'uniforme français », « il ne s'y sentira pas à l'aise ». C'est l'homme du monde le moins cosmopolite, le plus attaché à sa race, à sa famille, à son foyer. Le sang latin lui inspire d'invincibles défiances, et il ne résistera pas au plaisir de nous rapporter cette confidence de Napoléon : III « que rien n'est aussi difficile que de gouverner un peuple de race latine ». Les années n'atténuent guère sa poignante douleur d'être séparé des siens. « Ah ! écrit-il à ses parents, fixer mes yeux sur vos chers regards !... N'être autre chose qu'un enfant !... » Il ne se console pas qu'on ignore en Roumanie les fêtes de la Noël allemande. Ce regret lui revient à la fin de chaque décembre avec la mélancolie d'un vieux lied[1]. La solitude lui pèse, surtout la solitude des dimanches. Il éprouve toute la détresse de l'étranger au milieu d'un peuple qui s'amuse. A son entrée dans Bucarest, il aperçut une garde d'honneur devant une maison morose. « Quelle est cette maison? » demanda-t-il. Le général Golesco lui répondit d'un air gêné : « C'est le palais. » Sous les fenêtres de l'appartement qu'avait habité le prince Couza, des Bohémiens campaient et des cochons se vautraient dans la vase. On comprend le brouillard de tristesse qui surnagea longtemps à ses premières impressions. Il est sensible aux beautés de la nature. Il aimera « les grands roseaux qui murmurent si paisiblement dans les eaux bleues de Cernica ». Mais, sans les joies du foyer, son âme languit. Il ne conçoit que le bonheur domestique. L'immoralité de Couza lui causa une répugnance qui efface presque à ses yeux les mérites de ce prince. Les conjurés l'avaient surpris en tête à tête avec sa maîtresse, la princesse Marie Obrenovici, pendant que sa femme vivait reléguée dans une aile du palais. Le prince Charles ne l'a pas oublié et ne manque point de nous en rafraîchir la mémoire. D'ailleurs il n'insiste pas, car nul n'affiche moins de préten-

1. « C'est la veille de la Noël allemande... Mais cet anniversaire est aussi un jour de tristesse pour les êtres chéris qui sont restés dans la *patrie*... » (T. I, p. 75.) Ainsi parlerait un exilé.

tion à la vertu, mais nul n'est plus foncièrement vertueux. Il l'est jusque-là que tous ses sujets en conviennent.

Mais, dès la première entrevue qu'on lui ménagea, dans un jardin de Cologne, avec la princesse Élisabeth de Wied, elle le conquit avant même d'avoir soupçonné sa conquête. Pourquoi réfléchir? Un regard, un sourire l'ont à jamais fixé. C'est une explosion de jeunesse dans une âme sérieuse. Sur-le-champ il demande à la mère la main de sa fille; et un quart d'heure s'est à peine écoulé, qu'impatient il envoie son confident Henri de Werner s'enquérir de la réponse. Et la nuit suivante, où le train l'emportait vers Paris, il ne put fermer l'œil, hanté délicieusement de la toilette bleue qu'avait la jeune princesse, lorsqu'elle ouvrit la porte du salon.

Et quel soleil sur Bucarest, quand il l'y amena entre des haies de paysans à cheval qui tenaient à la main de petits sapins ornés de fils d'or! Désormais il pourra fêter la Noël sous les lumières et l'odeur résineuse de l'arbre familial. Il sera père, hélas! père jusqu'au jour, où, brisé de douleur, il sortira de la nursery avec un cercueil dans les bras. Cette enfant, dont il avait salué la naissance à l'instant même que le drapeau de sa famille se déployait sur l'Allemagne unie, dort pour l'éternité dans la terre roumaine. Racine de souffrance par où il tient à cette terre plus fortement encore que par les pierres de son château! La veille, le devoir seul l'attachait à sa nouvelle patrie; de cette heure d'agonie, toute son âme s'y prend. Le ton des *Mémoires* change. Il ne considère plus les Roumains comme un peuple étranger dont les coutumes lui rappellent celles des Orientaux, mais comme son peuple. Les intrigues, les injures, les calomnies, le déchaînement des passions politiques ne parviendront plus à l'ébranler de ce sol où il a pleuré et où le peuple a pleuré avec lui. Il est grave, il restera grave. « Le Roi, dira la Reine, sourit rarement. »

Cet homme familial au point d'en être féodal n'a jamais eu de familiarité. Grande force chez une nation très exubérante où deux hommes ne peuvent se rencontrer sans tomber dans les bras l'un de l'autre! On l'a longtemps méconnu. Ses meilleures intentions étaient dénaturées. S'il donnait un bal, Bratiano accourait le lendemain et lui reprochait son bal comme un oubli des mauvaises récoltes. Le parti qui n'était pas au pouvoir s'arrogeait le droit de censurer ses moindres actes, et le parti qui gouvernait voulait régner à sa place. Mais ce ne furent point ces désenchantements qui le replièrent sur lui-même. Il était né distant des autres hommes. Saint-Simon ne se sentait pas plus duc et pair qu'il ne se sent, lui, Hohenzollern. Les hommes au service des Hohenzollern et les Hohenzollern au service de Dieu : c'est un axiome de la Providence qui veut le bonheur des uns et la gloire des autres. Il a une prodigieuse confiance non pas en lui, mais dans les vertus du sang qui coule en lui. On frémit à la pensée qu'un Hohenzollern pourrait n'être qu'un pauvre homme !

De cet orgueil si périlleux, l'intelligence et le culte du devoir font un admirable rempart contre les désillusions, l'isolement et l'ingratitude. Secoué pendant près de dix ans par tout ce que la folie politique souffle d'injustice et de haine, le prince ne dut son salut qu'à cette haute fiction d'une supériorité native que, du reste, sa patience et son énergie transformèrent en réalité. L'honneur de sa lignée d'ancêtres lui créait une responsabilité qu'il assuma jusqu'à l'abnégation. Du matin au soir il donna l'exemple à tous les fonctionnaires du pays, et montra qu'il savait le prix de l'argent par la conscience qu'il mit à gagner sa fortune. Catholique, il assiste scrupuleusement aux moindres fêtes du rit orthodoxe. Un Hohenzollern supporte douloureusement d'être le vassal d'un Turc. Lorsqu'en octobre 1866, il entre chez le Sultan, il repousse la chaise qui lui avait été préparée près du sopha impérial et s'assied délibérément à côté de son suzerain. Beau geste, et qui venge la Roumanie de ses humiliations séculaires ! Un Hohenzollern a la religion du serment. Il a juré fidélité à la Constitution : « Lorsqu'on a le choix, lui disent les Roumains toujours révolutionnaires, entre une feuille de papier et la ruine d'un pays, on déchire la feuille de papier. » « Pas quand on l'a signée ! » répond-il. Et le pays est sauvé. Un Hohenzollern menacé n'accepte pas l'intervention étrangère. Mais on ne le renverse point comme « un prince parvenu », un Couza. Il se retire, et son mouvement de retraite est empreint d'une telle dignité que ses adversaires intimidés baissent pavillon[1]. Un Hohenzollern nourrirait volontiers des rêves d'absolutisme et prendrait volontiers une attitude cassante, s'il n'avait eu pour père le chef du parti libéral de Prusse et pour maîtres les hommes les plus déliés, les plus politiques, des modèles de parlementaires : les Jésuites.

C'est par là surtout que ce Roi me semble original et sa correspondance instructive. On extrairait de ses lettres et des lettres de son père un excellent traité de politique constitutionnelle. Durant vingt ans, le Prince Charles-Antoine, du

1. « On se déshonore soi-même quand on ne sait pas respecter ce qu'on a soi-même créé. » (T. II, p. 54.)

château de Sigmaringen, s'est passionnément intéressé aux choses de la Roumanie, en même temps qu'il suivait et jugeait heure par heure la situation européenne. Malgré son mépris évident des races latines et sa perpétuelle animosité contre la France, il soutient, dirige, excite et modère son fils avec un tact, une sagesse, un libéralisme, une pénétration du cœur humain que les événements ont rarement démentis. Et son fils entre à merveille dans ses vues et ses pensées. Il apprend « à se plier aux circonstances qu'on ne saurait dominer », à ne pas trop espérer des hommes, mais à n'en jamais désespérer, et à ne se servir d'eux que dans la mesure où il peut les servir en se servant lui-même. De mois en mois, de jour en jour il se fait la main.

Les cinq premières années de son règne ne sont que froissements et malentendus. La Roumanie se démène sous l'habit trop large de sa Constitution. Le jeune prince ne comprend pas plus ses sujets que ses sujets le comprennent. Il n'a pas assez déguisé son désir de régénérer cette « nation latine » et « d'implanter la civilisation allemande en Orient[1]. » Et, par un coup d'essai

1. Napoléon s'était vite aperçu que son protégé essayait de lui échapper : « La France veille à ce qu'aucune influence prussienne ne prédomine en Roumanie ; et plus particulièrement la façon de gouverner du prince n'a pas son assentiment ; aussi

malheureux, c'est à un notable fripon prussien, Strousberg, que, sur son insistance, les Chambres roumaines ont accordé la concession des chemins de fer. Cette affaire désastreuse exaspère les partis et angoisse le prince, également engagé d'honneur vis-à-vis de ses anciens compatriotes et de ses nouveaux sujets. « Combien de milliers de personnes en Allemagne n'ont-elles pas placé leurs économies dans les papiers des chemins de fer roumains à cause de mon nom ! » s'écrie-t-il. Bismarck, qui n'est pas fâché de faire sentir sa dure poigne même aux Hohenzollern, appuie les actionnaires allemands et presse à la gorge les finances exténuées de la Roumanie. Rien de plus pénible que ces miasmes de banqueroute où le prince Hozenzollern, « d'un bois si précieux », comme l'écrit son père, commence à dépérir et à se découronner. Il est las de « ces jeux cruels » ; il ne rêve plus qu'abdication. « ... J'espère que vous me trouverez une petite place où je pourrai reposer ma tête fatiguée... Oh, s'en aller, redevenir un citoyen libre!... »

tous les mécontents roumains trouvent-ils à Paris une oreille prête à les écouter. » (T. I, p. 74.) La crainte de se brouiller avec son protecteur modérait un peu l'impatience du prince : « Que deviendrait la Roumanie, s'écrie-t-il, si Napoléon lui retirait sa protection et s'il était donné libre carrière aux convoitises de la Russie? » (T. I, p. 96.) « La France est actuellement l'unique soutien de la Roumanie, c'est pourquoi il ne faut pas l'offenser. » (T. I, p. 102.)

Il le fût redevenu sans la guerre de 1870[1]. Le même jour que les Chambres roumaines déclaraient à l'unanimité que toutes les sympathies de la nation étaient là où flottaient les drapeaux de la France, le prince, « isolé dans son palais », écrivait au Roi Guillaume : « Mes sentiments seront toujours là où flotte la bannière blanche et noire ! » L'enthousiasme des Roumains est indescriptible. Le prince n'y veut voir qu'une manifestation contre sa dynastie. A la nouvelle de nos revers, on pleure dans ces maisons roumaines où vous trouverez encore suspendu le portrait de Napoléon III. Ne nous étonnons pas qu'il comprenne mal ces pleurs : il ignore peut-être que, chez d'autres peuples d'affinités moins instinctives avec le peuple français, des pleurs semblables coulèrent. J'en ai retrouvé la trace, en Amérique comme en Europe, dans des yeux même qui ne semblent plus avoir pour nous le même regard amical. Ne nous

1. Ces années 1870-1871 furent les plus dures pour le prince Charles. L'affaire Strousberg « le met hors de lui. » Jamais les dissentiments entre son peuple et lui n'avaient atteint une telle violence. Bratiano lui déclare qu'il s'est aliéné la nation. Des désordres éclatent; les élections sont ensanglantées. A Ploiesti on proclame la République, échauffourée où sont compromis Bratiano, Rosetti, Golesco, « ces élèves de Mazzini ». L'anarchie gagne. « Les Roumains, écrit le prince, ne peuvent se flatter de posséder aucune des vertus civiques qui appartiennent à cette constitution quasi républicaine qu'ils se sont donnée. » (T. II, p. 54.) Mais en 1873, les choses ont bien changé ! « Grâce à Dieu, tout va maintenant pour le mieux et la bonne harmonie entre le gouvernement et la Chambre persiste. » (T. II, p. 173.)

étonnons pas qu'il comprenne mal ces pleurs, quand, des millions d'yeux braqués sur le théâtre de la guerre, l'écrasement de la Prusse n'eût pas tiré une seule larme.

C'était à la bienveillance de Napoléon III qu'il avait dû son trône, ce fut à la ruine de Napoléon III qu'il dut de le garder. L'orage passé, son prestige de Hohenzollern accru, ses projets d'abdication évanouis, enfin délivré du contrôle de la France[1], plus mûr et plus informé, il entreprend alors silencieusement et méthodiquement de réduire les combats du parlementarisme en jeux inoffensifs. Les parlementaires roumains sont d'incomparables escrimeurs. Toute sa politique s'efforcera de substituer à leurs épées tranchantes des sabres de bois. Le sabre de bois, c'est le sentiment de la liberté : il n'y faut pas toucher. L'épée, c'est la liberté, terrible aux mains d'un peuple qui n'a fait qu'un saut du despotisme dans un régime quasi républicain. Un prince n'a besoin ni d'être aimé ni d'être craint. On ne fonde rien de durable sur de tels sentiments. Sa force est dans le respect qu'il inspire. Déjà, en 1870, Cogalnitchano avait émis cette pensée profonde : « Le prince n'a personne pour lui dans le pays,

1. Son père lui écrivait : « L'humiliation militaire et nationale de la France doit être assez profonde pour que tout désir de se mêler des affaires des peuples étrangers lui soit enlevé *à tout jamais.* » Ce n'est pas moi qui souligne.

et c'est précisément à cause de cela qu'il restera sur le trône. » Il continuera de n'avoir de partisans assurés que ceux qu'il appellera à la direction des affaires, résigné aux attaques des autres que sa dignité et son absence de rancune lui rendent singulièrement puériles[1]. Il emploiera de petits moyens, parce que le petit moyen est l'âme même du parlementarisme, jamais de moyens bas. « Ce n'est pas dans sa manière d'exprimer impérieusement sa volonté ni même formuler son avis d'une façon précise. » Son âme est noble, mais son esprit se plaît aux mécanismes ingénieux.

Peut-être hésita-t-il lorsqu'en 1876 la question se posa de l'intervention des troupes roumaines dans la guerre russo-turque. Peut-être la foi presque mystique de Bratiano le décida-t-elle à tenter la fortune. L'armée qu'il avait créée et disciplinée lui valut, aux tranchées de Plevna, sa couronne de fer et la joie d'offrir au pays qui l'avait élu l'indépendance.

Mais après cet intermède héroïque, où s'arrêtent les Mémoires[2], le nouveau Roi reprit la tâche de

1. « Cogalnitchano est venu... J'ai reçu très amicalement cet homme d'esprit... Il m'a quitté avec mille protestations de dévouement, et je suis persuadé qu'il me servirait fidèlement *dès qu'il serait mon ministre; mais c'est ce que tous feraient*, à peu d'exceptions près. » (Lettre du prince à son père, 30 novembre 1874. T. II, p. 171.)

2. Les deux derniers tomes traitent surtout de la guerre avec la Turquie de 1878 et de l'érection de la Roumanie en royaume.

l'ancien prince, avec une autorité plus indiscutable et une habileté encore plus sûre. Désormais, toutes les réformes qui lui sembleront urgentes, il les fera faire par ceux qui, dans l'opposition, s'en montreraient d'implacables adversaires. La loi électorale refondue, en élargissant le premier collège, y noiera les résistances des grands propriétaires. Le Gouvernement sera le maître absolu des élections et le Roi sera le maître du Gouvernement. Toutes les formes de la liberté seront sauvegardées[1]. Les conservateurs pourront ferrailler contre les libéraux et les libéraux contre les conservateurs. Mais les uns ou les autres ne pourront s'emparer du plateau des ministères avant qu'une petite chiquenaude du Roi n'ait retiré le déclic de cette bascule perfectionnée. Système admirable, où se satisfait innocemment le goût du parlementarisme que le prince Charles hérita de son père. Système dangereux aussi, car il suppose, chez celui qui l'emploie, une intelligence et une habileté dont on peut craindre, sans trop de pessimisme, que ses successeurs ne soient pas également pourvus. Et qu'arri-

Cependant le tome IV renferme encore bien des détails curieux, notamment sur les démêlés de la Roumanie et de l'Allemagne, toujours au sujet des chemins de fer. Le Gouvernement allemand ne s'est jamais montré très tendre à l'égard des Roumains. Et le prince, malgré ses intentions de germaniser l'esprit roumain, n'a jamais eu à se louer autant de Bismarck que de Napoléon III !

1. « Le roi ne s'affranchit jamais *extérieurement* des obligations constitutionnelles. » (T. IV, p. 217.)

verait-il si l'un d'eux avait la main trop lourde?

— Enfin, disais-je à un ancien ministre, expliquez-moi comment tombe un ministère en Roumanie. Les paysans donnent toujours leurs voix aux candidats de l'administration.

— Oui, toujours.

— Les fonctionnaires vous appartiennent.

— Évidemment et pour trois raisons : la première, que nous dépensons tous plus que nos revenus ; la seconde, que la peur universelle s'exagère le pouvoir du Gouvernement ; la troisième, qu'on s'arrange de façon que les indépendants oublient de voter.

— Eh bien ! si le ministère a toujours une écrasante majorité, pourquoi s'en va-t-il ?

— C'est très simple : un ministère ne disparaît jamais du fait des Chambres. Il remplit sa mission, et, quand il l'a remplie, il commet des fautes. Alors le parti adverse organise des réunions publiques et, au sortir de ces réunions, des rencontres avec la police : l'ordre de la rue est un instant troublé. Le ministère se retire.

— Cependant il ne tiendrait qu'à lui que l'ordre fût rétabli.

— D'accord, mais le Roi intervient et conseille la retraite.

— Tout dépend donc du Roi?

— Vous l'avez dit.

Je réfléchis et lui demandai :

— Quel est, selon vous, le plus grand homme politique de la Roumanie ?

Il se mit à rire.

— Vous me gênez, fit-il, vous me gênez diablement. Enfin, je vous l'avouerai : c'est moi... après le Roi.

Qu'on se représente un Conseil des ministres roumains présidé par ce grave et subtil Hohenzollern. Il est entouré d'hommes dont la valeur est incontestable ; mais des hommes d'une valeur aussi incontestable attendent dans l'ombre que la sagesse du Souverain leur remette ces portefeuilles tant convoités. Nul d'entre eux ne se sent l'homme qu'on ne remplace pas. Les plus vieux sont peut-être les moins indépendants. « Vous, pourrait leur dire le Roi, vous avez jadis comploté contre Notre Personne. Vous, mon cher ministre, on prétend que, dans un moment de sauvage éloquence, vous avez même dévoué ma tyrannie au poignard d'un libérateur. Et vous, Monsieur, ne vous souvient-il plus des pamphlets dont vous m'assassinâtes ? Je les ai tous dans ma bibliothèque, troisième rayon, à gauche. Et vous, hier encore, ne m'avez-vous pas accusé de duplicité? Ne vous êtes-vous pas plaint que je vous ai trahi? Ah, je me garderais bien de vous le reprocher! Je n'ignore pas ce que vous valez et quels services vous rendrez, pendant un certain temps, à notre Roumanie. Je compte en ce pays excellent plus de vingt hommes d'État toujours disponibles et capables de m'apporter, du soir au lendemain, le plus précieux concours. Le malheur voudrait que vous ne fussiez pas là, j'en souffrirais assurément, mais j'ose espérer que la nation n'en souffrirait pas trop. Nous aimons tous le pouvoir : vous surtout l'apparence et la faveur, moi plutôt la réalité. D'ailleurs, nous lui préférons l'intérêt de notre patrie, et nous ne balançons pas à faire des sacrifices. Je soupçonne que de nouveaux politiciens grandissent qui, pour n'avoir jamais eu la faiblesse de m'invectiver, essaieront de se dérober à mon ascendant. Mais j'ai confiance dans l'autorité que m'assurent mes victoires et quarante ans de dévouement à la cause roumaine, et j'ai confiance aussi dans notre régime de monarchie parlementaire où j'ai tout doucement amené le parlementaire à graviter autour du monarque. C'est mon chef-d'œuvre. Je reconnais qu'il y faut de la dextérité et du tact, beaucoup de tact, car vous êtes très susceptibles et très fins. Mais si les Hohenzollern se couronnent de fer, ils se gantent de velours, Messieurs. Travaillons. »

CHAPITRE VIII

DE LA MONTAGNE A LA PLAINE

De Sinaia, je suis reparti cette fois à travers les montagnes et les forêts de hêtres, par de belles routes neuves et des ponts de pierre et des ponts de bois, dans un silence où les chevaux se grisaient du carillon de leurs sonnailles claires.

Personne sur les chemins; mais, près d'un lit de torrent, nous rencontrâmes un campement de tsiganes : une dizaine de huttes, faites de branchages et de boue, gardées par des chiens, des porcs et des enfants nus. Les hommes déguenillés y tressaient des paniers et creusaient dans le bois ces sortes de petites auges où les paysannes bercent leurs nourrissons. Ils étaient laids et sales, avec d'admirables yeux profonds et fourbes. Les enfants avaient la prunelle fauve des oiseaux rapaces. Une hideuse folle, serrant contre son sein flétri un petit hydrocéphale à la langue pendante, rampait comme un cul-de-jatte sur les pierres de la route. Et, assise à l'ombre d'une cabane, une jeune mère de quinze ans, aux traits fins et mélancoliques, promenait autour d'elle le plus charmant sourire du monde.

J'ai toujours retrouvé dans ces campements, au milieu d'affreuses sorcières, un visage gracieux et qui semblait modelé pour la caresse. Et j'y ai retrouvé aussi la folle ou l'hystérique rôdant en liberté, pareille à ces horribles bêtes, d'ailleurs inoffensives, que les peuplades sauvages nourrissent de leurs superstitions. Il y a près de deux cent mille tsiganes en Roumanie. Quand y vinrent-ils, et d'où venaient-ils? De l'Inde, probablement. Parias émigrés, on en fit des esclaves. Ils ne sont affranchis que depuis soixante ans. Ils apportèrent avec eux le violon, d'origine orientale, la *cobza*, mandoline à dix cordes, un instrument nommé le *canonu*, et qui ressemble au psaltérion des Hébreux, des musiques et des chansons bizarres, des bols magiques où plus d'un boyar et plus d'une boyarine lurent leur destinée, l'art d'évoquer les morts et de duper les vivants, une étrangeté indéchiffrable, une incroyable capacité de souffrance, et de riches thèmes pour les poètes romantiques et les maîtres du feuilleton. Ils ne se doutent pas de leur gloire. Cette espèce nomade a gaspillé au cours des âges des trésors de beauté. On ne peut se défendre d'une tristesse poignante à la pensée que la nature façonna dans ses moules mystérieux tant de jolis visages et de corps adorables, qui ne servirent qu'à engraisser le fumier des vices ou à faire de la douleur.

L'endroit était silencieux : pendant que nos chevaux soufflaient, nous déjeunâmes sur l'herbe, séparés par la route de cette humanité primitive qui préfère à la terre battue des enclos le tapis somptueux des feuilles mortes. Et nous redescendîmes la pente des montagnes. Des hameaux apparurent, des maisons de paysans dont les murs de bois reposent sur un soubassement de pierres sèches et dont le toit de lattes en saillie abrite une galerie circulaire. Et nous aperçûmes à travers les hauts feuillages des toitures de fer-blanc et des dômes de cuivre qui étincelaient comme des bosses d'argent et d'or. C'était le bourg de Pétrochitza.

La voiture s'arrêta devant la voûte basse d'un gros beffroi. De la petite pente verte qui entourait l'église vous eussiez dit une toile impressionniste peinte au couteau, tant la foule qui s'y pressait, assise ou debout, était bariolée. On célébrait les funérailles d'un seigneur paysan. J'entrai dans l'église toute bleue et or, pleine d'encens, de chants et du multiple zigzag des signes de croix. Les assistants debout se signaient dix et vingt fois de suite avec le pouce rapide de l'orthodoxe qui semble décrire un éclair et vous fait cligner des yeux. Au milieu de la nef, devant l'iconostase, où chantaient cinq ou six popes revêtus de chapes éclatantes, le mort était couché dans sa bière ouverte. C'était un vieux maigre paysan dont le visage grimaçait, comme s'il fût tombé dans une ornière et qu'une paralysie subite l'eût empêché de se relever. Son chapeau mou avait glissé sur son épaule. Ses mains aplaties tenaient, sans la presser, une sainte image, et je distinguai entre ses doigts la pièce de monnaie blanche dont ses lointains aïeux de Rome avaient coutume de payer le passeur du Styx. Derrière lui, dans un panier, on avait déposé un grand gâteau, une carafe aux deux tiers remplie de vin, et des cierges. Cette cérémonie avait un air barbare.

L'homme qui entrait ainsi dans la mort était un *moshneane*, et ce furent des *moshnéni* qui, au sortir de l'église, nous conduisirent chez eux. Si vous demandiez à un tsigane ce qu'est un *moshneane*, il vous répondrait : « C'est un campagnard qui, pour aller aux champs, enveloppe le fer de sa houe dans son mouchoir de poche. » On ne saurait mieux dire. Le *moshneane*, paysan noble, se sert de la houe, mais il aime à lui donner l'apparence désintéressée d'une canne de gentilhomme.

La Roumanie n'a pas de noblesse plus authentique ni plus roumaine que ces paysans, comme l'étaient nos hôtes qui, depuis trois cent soixante-dix ans, se transmettaient dans ce canton montagneux des terres achetées, conquises, ou obtenues en récompense par leurs ancêtres. Tandis qu'autour d'eux les paysans *roumani* ou *vecini* aliénaient peu à peu leur personnalité juridique, et que, afin de les attacher à une terre d'où les vexations et les indignes traitements les poussaient à s'exiler, des mesures politiques les réduisaient au servage, les moshnéni gardaient leur propriété sur laquelle les boyars n'avaient aucun droit réel. Mais ils étaient tenus de s'équiper en temps de guerre et de servir à leurs frais dans la cavalerie. Et beaucoup d'entre eux, ruinés par une trop longue absence, se vendaient, eux et leurs biens, aux seigneurs et aux monastères. Ceux qui échappaient à cette dévastation, nombreux encore, formaient des communautés, où les propriétés se léguaient toujours indivises, et qui rappelaient le *mir* russe, avec cette différence toutefois qu'en Russie la terre appartient à la commune et qu'ici elle appartenait à la famille.

Je ne conçois guère de plus belle noblesse que celle des gens qui, pendant trois ou quatre siècles, ont rempli la même tâche. Si humble qu'il soit, leur métier leur devient une magistrature. Les moshnéni sont l'honneur de la glèbe et de la montagne roumaines. Ils n'ont point quitté le costume national. Le mari portait l'étroit veston noir par-dessus la chemise tombante ; la femme, le corsage, la jupe et le double tablier enrichis de broderies en laine rouge et bleue. Un long voile blanc pailleté d'or, rejeté sur son dos, découvrait sa figure un peu grasse, d'une beauté tout italienne. Son beau-père vint aussi, vieil homme souriant et de noble prestance, la peau de mouton brodée suspendue à ses épaules comme une pelisse de hussard. Leur intérieur, aux plafonds bas, était tendu de tapisseries. On ne voyait et l'on ne foulait que des travaux faits à la maison, des fantaisies traditionnelles que de belles mains potelées avaient tissées durant les jours d'hiver. Les brebis avaient donné leur toison ; le lin des toiles écrues, la douceur de ses reflets nacrés ; et la gerbe de blé, son or. Des générations avaient usé le rebord des escaliers de bois. Et l'on sentait partout la probité des anciens labeurs. Leur politesse n'avait rien d'obséquieux ; et, bien que la personne que j'accompagnais appartînt à l'aristocratie la plus illustre du pays, ces descendants de francs tenanciers la traitaient d'égal à égal, avec une aisance parfaite.

Ils nous menèrent visiter la plus antique des trois églises que possède ce bourg de quinze cents âmes, — les habitants en désireraient même une quatrième, — et quand nous eûmes admiré de vieilles peintures murales, où les débauchés pris en flagrant délit sont traînés de leur lit à l'enfer, la femme du pope nous introduisit dans son logis également tapissé de broderies et de beaux tissus. Le long des rues, les enfants s'en retournaient des funérailles, un cierge dans une main, et, dans l'autre, un morceau de pain, de ce pain du mort qu'après la cérémonie on leur avait distribué. Nous repartîmes.

— Vous avez vu, me disait quelques jours plus tard un des rares Roumains dont les papiers de noblesse remontent au XIVe siècle et qui accuse les révolutionnaires d'avoir ignoré les traditions du pays, vous avez vu dans ces moshnéni les déplorables victimes de nos erreurs. L'exemple de ces communautés qui, pendant des siècles, ont respecté le droit du plus faible, devait nous éclairer, lorsque nous avons si sottement entrepris de faire passer notre peuple du servage à la propriété individuelle. La loi agraire de 1864 a surexcité chez le paysan l'appétit de la terre et l'a rendu insatiable. Et nous avions cependant sous les yeux des propriétés indivises où s'étaient conservées, à travers toutes les tempêtes, les plus solides vertus familiales et campagnardes. Mais dans notre vieux droit coutumier, que nous tenons des Slaves, nos doctrinaires ont enfoncé, comme un coin, le code français et l'espèce de civilisation napoléonienne. Le cœur même de notre vie morale a éclaté. Regardez ces moshnéni : la plupart ont cru se civiliser en sortant de l'indivision. Ils ont voulu qu'on délimitât leurs propriétés dans la plaine. Seulement dans la montagne, — rochers, forêts, pâturages, terres arables, — le partage était impossible. Alors un homme d'affaires s'est présenté, leur a payé comptant le morceau de montagne ou la montagne elle-même. Et nos gens ont vendu leurs traditions, leur force et leur indépendance.

— Cependant, lui dis-je, au moment où vous détruisez ces communautés si vivaces et si naturelles, vous instituez à coups de décrets, pour contenter vos artisans, des corporations factices ! Cela vient, je crois, de ce que les révolutions sont toujours faites par des ignorants et des superbes qui prétendent substituer les chimères de leur raison aux instincts méconnus du vrai peuple.

De Pétrochitza, les collines s'abaissent, et leurs lignes onduleuses vont estomper à l'horizon l'immensité de la plaine. Les routes sont bordées çà et là de petites huttes ouvertes à tous les vents, où de saintes Images attendent le baiser des passants ; et, de distance en distance, s'élèvent, comme un mât et sa vergue sur la mer, les deux perches croisées qui servent à retirer l'eau d'un puits. Des femmes se promènent dans les champs, leur quenouille à la main. Mais les maisons semblent moins coquettes et plus pauvres à mesure que nous nous enfonçons dans la richesse des blés et des maïs. Nous traversons une petite station thermale (il y en a partout) que le fer de nos chevaux éclatant sur les pavés réveille de sa somnolence. Et, un peu avant le déclin du jour, nous entrons dans Tergovitche, l'ancienne capitale des Princes roumains au XIVe siècle, le Damas de la Roumanie.

Des ruines de briques sans grandeur, des chemins à demi défoncés, des cabanes miséreuses, une vieille église envahie par la mousse et le lichen, une préfecture éblouissante, des villas et des jardins, et, au centre, quelques rues pavées et propres, où des affiches de théâtre annoncent pour le soir même la *Nuit d'Octobre* de Musset, *monologue*. Les villes déchues ne se relèvent jamais. Et les palais administratifs qu'on y construit me font l'effet de mausolées tout neufs dans un cimetière où l'on n'enterrerait plus personne.

Enfin, nous voici dans la plaine libre, sous un ciel de plomb fondu et de rose. Le crépuscule monte comme la buée d'un lac invisible. Des feux s'allument au bord de la route, autour desquels les jeunes gens, les jeunes filles et les vieilles femmes aussi se réunissent pour écouter des joueurs de flûte ou des diseurs de contes, car les Roumains sont friands de musique et de légendes. Ils aiment à rire, dans leurs fabliaux, des sots Bulgares, des matamores hongrois, des tsiganes effrontés, des Grecs paillards, des Juifs patelins et voleurs ; mais ils préfèrent à ces contes leurs ballades passionnées, leurs idylles mélancoliques, et leurs bergers qui meurent de ne plus entendre la voix de leurs brebis, et les âmes des fiancées qui se brisent au dernier baiser d'amour comme les rondes de la *hora*, lorsque les violons cessent. Poésie populaire tout imprégnée des parfums de l'acacia, mais que traverse parfois l'éclair rouge du poignard de l'heiduque ! Ses longues souffrances ont poli la race roumaine. On s'étonne de rencontrer chez des êtres qui furent si constamment malheureux et si ployés par l'épouvante une inspiration si délicate. Ces misérables s'arrêtaient dans leur fuite pour respirer l'odeur d'une fleur sauvage. « Une étoile est tombée à l'endroit où tu chantes », dit le Cobzar à l'amoureuse dont les larmes scintillent comme des gouttes de rosée sur les violettes de ses yeux. La plaine roumaine, dans les larges nuits tièdes, s'épanouit en douceur et en beauté. Les fuseaux de noisetier se sont échappés de la main des fileuses. Sous les bouquets d'arbres, le bruit des bracelets au poignet des jeunes filles tient les oiseaux éveillés. De beaux costumes errent avec une grâce indolente devant le seuil des chaumières. Et sur la monotonie des maïs endormis les saules rêvent toute la nuit du regard de la lune.

Que ces saules étaient merveilleusement solitaires, où nous fîmes boire les chevaux au grincement de la flèche du puits ! Les puits roumains ont une âme qui répond dans l'ombre au bêlement des troupeaux, à la flûte des pâtres, aux caravanes cheminant sous les étoiles. Ne vous imaginez pas que ces routes silencieuses soient désertes ! Nous étions à peine sortis de la lisière d'une forêt, que nous croisâmes une file interminable de chariots. Les attelages de bœufs accroupis sommeillaient, les naseaux dans la poussière. Sur les voitures chargées de bois et de fourrage, les hommes et les femmes, face au ciel de minuit, dormaient. J'ai passé bien des nuits en voiture à courir les champs roumains : j'ai toujours vu les routes pleines de ces convois assoupis. Ils se remettent en marche, puis reprennent leur somme, et l'interrompent de nouveau, et s'avancent encore, et quelquefois un paysan, qui ne dort pas, chante d'une voix très douce et très lente à côté de ses bœufs. Roumanie du crépuscule et du soir, si nonchalante et si persistante, paysans qui semblez venir de très loin à travers les âges et qui gardez sous la brillante canicule le bonnet de fourrure où neigea l'hiver russe, paysans, vers quelle aube allez-vous?

CHAPITRE IX

PAYSANS DU DANUBE

On m'a montré dans la gare de Slatina, qui, déjà fermée de trois côtés, l'est entièrement à l'arrivée du train, l'endroit où, en 1899, les soldats firent feu sur les paysans massés. Affolés, ils se précipitèrent hors de la gare et se débandèrent dans les champs de maïs : à l'époque de la moisson, on y retrouva des cadavres. Ce ne fut pas la seule émeute réprimée, — de 1888 à 1900, on en compte au moins quatre, — mais ce fut la plus sanglante. Or, je suis frappé de voir que ces petites jacqueries commencent presque toujours de la même façon : les paysans accourent à la mairie et demandent si l'ordre du Gouvernement est venu de partager les terres.

Voici près d'une semaine que je sillonne la plus riche province roumaine, l'Olténie. J'ai vu, à la limite des steppes baignées par le Danube, des paysans à cheval, le visage rasé sauf les moustaches, le bonnet de peau enfoncé sur une chevelure mérovingienne, aborder leurs ci-devant boyars avec une dignité de citoyens libres. On m'a dit qu'aux dernières enchères des terrains que l'État avait mis en vente, les mêmes hommes avaient poussé, jusqu'à mille et onze cents francs, l'hectare qui en vaut six et sept cents. Un propriétaire normand, que j'ai rencontré dans un train et qui regagnait la France, emportait cette impression que le paysan roumain, toujours possesseur de son lopin de terre, était plus favorisé que le nôtre. Les caisses d'épargne que le ministre de l'Instruction publique, M. Haret, a récemment établies dans les campagnes, ont fait sortir de la vieille cachette farouche des économies insoupçonnées. Les dimanches de la Roumanie auraient enchanté le bon vigneron Paul-Louis Courier. On danse dans les auberges, on danse sur les routes. Partout danseurs et danseuses se prennent par la main et forment autour des musiciens tsiganes un cercle qui, tour à tour, lentement se rétrécit et s'élargit et frappe la terre. Je ne prétends pas que ce soit une folle danse ! Tant il y a que leur mélancolie s'amuse. Les femmes et les jeunes filles ont des colliers de pièces d'or, toute leur fortune au cou. Les grappes de broderies leur montent et leur descendent des pieds à la tête. Leur ceinture est aussi rouge que le sang de leurs lèvres. Et l'air est parfumé des œillets rouges qu'elles piquent dans leurs cheveux, au coin de l'oreille. « Si tu passes devant mon seuil, a dit le Cobzar, laisse tomber la fleur de tes cheveux : elle y prendra racine. » Leurs cérémonies des fiançailles, du mariage et de l'enterrement, leurs fêtes traditionnelles dénotent une imagination qui se plaît aux symboles dramatiques. Ils sont beaux ; ils ont naturellement grand air, comme les gens d'Orient. Quand ils rencontrent la femme de leur maître, ils lui disent : « Je vous baise les mains, ma jeune dame. » Leurs maisonnettes en bois ou en terre, trop basses, mal aérées, et qui n'ouvrent sur la route et les champs que des yeux timides et clignotants, sont joliment ornées, à l'intérieur, de serviettes brodées. Les lits servent de banquette ou de canapé pendant le jour. Un tapis éclatant recouvre la malle de mariage. On devine chez les plus pauvres le goût du luxe et de la couleur. Les hommes s'enivrent, mais sans excès, battent leur femme quelquefois, et plus souvent la trompent. Ils sont moins paresseux que résignés. Leurs popes, qui fréquentent les auberges, sont des paysans comme eux et qu'ils aiment, parce qu'ils les sentent tout près d'eux. Ces prêtres ne leur demandent que des génuflexions et des signes de croix : ils ne leur élèvent pas l'âme, mais ils ont des larmes pour les mauvaises récoltes. Vous ne trouverez pas dans leur poésie populaire un seul élan du cœur vers Dieu.

Les paysans roumains n'ont vu en Dieu qu'un boyar, aussi terrible que les autres boyars, mais si éloigné qu'il suffisait de faire le geste de lui payer la dîme. Fidèles à leurs traditions, ils n'aiment vraiment ni Dieu ni leurs maîtres ; ils n'aiment que l'amour et la terre.

Habitués à labourer cette terre depuis des siècles, ils ont toujours considéré qu'elle était leur lot. La loi rurale de 1864, qui bouleversa l'organisation sociale de la Roumanie et qui distribua trois millions d'hectares à quatre cent cinquante mille paysans, établit en même temps les rapports de ces paysans et de leurs anciens boyars. Mais il arriva que, d'une part, l'accroissement des familles morcela bientôt les petites propriétés ; de l'autre, que le métayage, adopté en Valachie, parut souvent plus dur au paysan que ne l'était jadis l'obligation de la dîme. Les grandes propriétés du Danube, qui se composent de dix mille hectares, sont en général affermées par des Grecs. Sous l'administration de ces étrangers, désireux de rafler une grosse fortune et de quitter le pays, les humbles métayers subissent douloureusement la loi draconienne et compliquée des contrats agricoles. Ils possèdent leurs bœufs, leurs charrues, tout l'outillage, sauf la machine à battre ; ils ont le sentiment de leur valeur qui manque aux paysans de Moldavie, simples ouvriers ruraux.

Mais ils n'en éprouvent que plus vivement l'injustice et les torts du propriétaire. L'État, de 1864 à 1898, fut forcé de procéder plusieurs fois à de nouveaux partages. Et des hommes politiques ont déjà proposé l'achat de propriétés privées, pour satisfaire aux exigences de cette population « qu'on peut entraîner, dit un historien, à la plus épouvantable jacquerie, en lui promettant un champ. »

C'est là le point névralgique de la Roumanie moderne. Que de fois j'ai surpris, quand nous passions au milieu des paysans pauvres, si indolents et d'apparence si placide, des regards de défiance et d'animosité, courts éclairs jaillis d'un impassible masque et aussitôt éteints ! L'étranger y est plus sensible que l'indigène. Il me semble bien qu'il y a dans ces campagnes dormantes des éléments d'émeutes qui n'attendent, pour s'organiser et se déchaîner, que l'imprudence d'un politicien ou l'ambition d'un avocat. L'école et la presse amincissent chaque jour la couche de résignation orientale, sous laquelle j'entends sourdre un furieux appétit de nouvelles lois agraires.

Du reste, la Roumanie a déjà ses socialistes, et, précisément, je rencontrai le plus notable d'entre eux dans un des beaux paysages de l'Olténie.

Nous parcourions des vallées charmantes qui me rappelaient la Creuse, des vallées d'ombre et de soleil, où la nature d'une main légère prépare ses vendanges d'automne. Aux balcons des maisons de bois, les quenouilles luisaient dans l'air rose. Le souple mouvement des hanches, que les femmes vêtues de broderies ont en marchant, faisait courir des lueurs de mosaïques sous le clair-obscur des vergers. Çà et là, une vieille maison roumaine massive, carrée, grande muraille blanche percée d'une petite porte, sa galerie appuyée sur de hauts piliers de pierre, semblait encore surveiller à l'horizon les invasions des Turcs. Et les images des Saints, peints aux murs d'une église, apparaissaient soudainement dans les cimes vertes des arbres, comme si leur cortège enluminé voyageait entre ciel et terre.

Nous avions visité le monastère de Horez, devenu un asile de vieillards, où les nonnes qui n'ont plus d'âge écossaient des haricots et faisaient sécher des oignons autour de leur chapelle et dans une forêt d'arbres centenaires. Enfin, après avoir traversé la ville épiscopale de Romnik, toute scintillante de ferblanteries et de chaudronneries, nous étions arrivés aux gorges de l'Olt, où l'on vous montre encore le rocher sur lequel l'empereur Trajan, fort incommodément, se fit servir à déjeuner.

Nous étions là, à Callimanesti, et nous allions imiter l'empereur Trajan, mais avec un sentiment du confortable dont ce grand homme était dépourvu, lorsque le premier député socialiste de la Roumanie descendit de voiture, *le Temps* à la main.

Il s'avança vers nous. La propriété est comme le César de Shakspeare : elle ne se défie que des socialistes maigres. Et les champs, les vergers, les jardins, les villas des propriétaires, les scieries et les hôtels des capitalistes, toute la nature civilisée lui prodiguait ses sourires et se reflétait en son aimable rondeur.

Nous déjeunâmes sous les tilleuls, non loin des gorges sinueuses que les flots de l'Olt emplissent de leurs bouillonnements jaunes. Les campagnards qui tenaient ce restaurant d'été avaient, si je ne me trompe, leur fille institutrice dans une des premières écoles et leur fils officier ; et ce nous fut un prétexte de parler des paysans.

— Je suis socialiste, me dit notre député, et même en 1895 le parti socialiste, composé de jeunes gens d'anciennes familles libérales, gagnait du terrain à Galatz, à Iassi, à Ploiesti, à Bucarest ; mais, reconnaissant loyalement que le socialisme était encore prématuré en Roumanie, nous nous sommes fondus dans le parti libéral, dont nous formons l'avant-garde. Nous marchons en ce moment à la conquête du suffrage universel, et notre ambition est d'organiser la Roumanie en démocratie rurale...

— Les beaux mots ! m'écriai-je.

— C'est l'avenir, reprit-il. Nous nous séparons

des conservateurs en ce que les conservateurs n'ont pas la même confiance que nous dans le paysan roumain. Et cependant nous n'avons rien de meilleur en Roumanie. Le paysan est notre grande réserve ethnique, notre source d'énergie, notre salut. C'est parce qu'ils ont eu foi en lui que les Bratiano et les Golesco, les hommes de 48 et ceux de 78, ont réalisé la double merveille, d'intéresser l'Europe et d'assurer notre indépendance. Qui nous a conservé notre langue? Le paysan. Qui est mort dans les tranchées de Plevna? Le paysan. Or, ce paysan est malheureux. Certes, nous avons fait beaucoup pour lui, si l'on se reporte au passé, mais bien peu, si l'on songe à tout ce qui reste à faire. Nous avons commencé à l'instruire. Nos cantines scolaires, à l'usage des enfants qui demeurent trop loin de l'école, nos caisses d'épargne sont d'excellentes institutions. Remédient-elles aux maux dont il souffre? Non. N'attribuez pas ses révoltes à l'excitation des hommes politiques. Tous les hommes politiques, gros propriétaires, en ont peur. Quand leurs paysans leur demandent pour qui voter, nos braves terriens s'empressent de leur répondre : « Pour le candidat du préfet! » tant ils redoutent que ces paysans, rompant la discipline, ne viennent un jour aiguiser leurs houes aux portes de la Chambre...

— Comme autrefois, lui dis-je, dans vos fameuses journées, les bouchers de Rosetti y aiguisaient leurs couteaux. Vous avez toujours grand soin, au milieu de vos discussions, de mettre les paysans hors de jeu. « N'y touchons pas! » répètent vos politiciens. Cela dit, ils allument des feux sur la lisière des maïs et s'en jettent les brandons à la tête.

— Oh! fit-il, nos mœurs politiques se sont améliorées. Je vous concède pourtant que nos appels à la rue et aux faubourgs sont des procédés dangereux. Mais si parfois les paysans se cabrent, ce n'est que sous l'éperon de la misère. On vous montrera des contrats agricoles qui vous paraîtront justes et même bienveillants; seulement, il faut savoir comment ces contrats sont appliqués! Toutes les clauses concernant les propriétaires sont respectées : on escamote les autres. Par exemple, les redevances du métayer ne sont pas prélevées au moment opportun. Le puissant fermier laisse les choses traîner en longueur, afin que les hasards de la saison qui s'avance livrent le paysan pauvre à son entière discrétion. Notre malheur, c'est que beaucoup de propriétaires roumains ne résident pas sur leurs terres et ne régissent pas eux-mêmes leurs propriétés. Ajoutez le déplorable état sanitaire de nos campagnes, sauf dans cette riche Olténie d'où partit jadis le mouvement révolutionnaire de Tudor Vladimiresco et qui fut vingt ans sous la domination de l'Autriche. Les médecins des districts ne suffisent pas encore à enrayer la mortalité des enfants : quant aux grandes personnes, elles meurent comme elles veulent, et comme le veulent surtout les promiscuités où elles vivent, leur médiocre alimentation, et les baisers aux saintes Images qui propagent les maladies, car la religion...

Ici, le petit couplet obligatoire sur l'affranchissement des consciences par la science et sur le bonheur paradisiaque que les chimistes sont en train de nous élaborer dans leurs cornues.

— Enfin, conclut-il, rappelez-vous notre proverbe que l'eau passe et que les cailloux restent. Les iniquités passeront, et avec ces paysans, sur lesquels ont roulé tant de flots torrentiels, nous édifierons la cité future, la démocratie rurale.

La douceur des vallées olténiennes ne permet pas qu'on soit pessimiste. Et d'ailleurs, je goûtais assez ce socialisme sans rhétorique et sans haine. Tout en devisant, nous nous enfonçâmes dans les gorges de l'Olt, jusqu'aux scieries de Lotru, où, par cette belle journée de la fin d'août, l'orage nous surprit et la grêle nous mitrailla, avec la soudaineté et heureusement la brièveté d'une révolte de paysans.

CHAPITRE X

LÉOURDENI

Léourdeni, dernière étape avant le retour à Bucarest, et la plus douce ! Sur la pente d'une petite colline où se chauffent les vignes, et devant un parc qui monte et semble profond comme une forêt, s'élève une vieille demeure seigneuriale, construite à plusieurs époques, mais harmonieuse, blanche et noble, et dont les pignons au toit débordant ont toujours l'air de vous souhaiter la bienvenue.

Si vous me demandez pourquoi je l'aime, je vous dirai que de sa terrasse on domine la vaste plaine roumaine et que nulle part je n'en ai mieux senti la beauté pacifique. Quel grand sourire après ces grands orages ! Les champs de maïs ondulent, ombragés jusqu'au ras du ciel d'îlots d'arbres qui s'égrènent devant cette mer libre. Les charrettes y passent, pareilles à des tortues dont on distingue à peine les petites têtes mobiles. Et cette plaine est traversée d'une large rivière où le coucher du soleil enflamme le poil roux des bœufs dans les eaux basses du gué et fait resplendir la faulx sur l'épaule du laboureur. Et cette rivière a son *zévoi*. On appelle *zévoi* les bois de saules qui en recouvrent les lits abandonnés. J'ai compris pourquoi les âmes roumaines étaient si touchées du charme de ces saulaies. Comme ces arbres légers et pâles, elles ont grandi dans des lits de torrents, dans le *zévoi* des invasions. Paysage infini où les yeux aiment à se poser sur le tremblement des saules!

C'est une raison qui me fait chérir Léourdeni et le déclin des jours du haut de sa terrasse. J'en ai d'autres : connaissez-vous une terre plus douce à fouler que celle où marche devant vous le souvenir d'un homme de bien? L'homme qui bâtit Léourdeni, Nicolas Kretzulesco, fut un des Roumains dont l'histoire, intimement mêlée à l'histoire roumaine, nous explique le mieux peut-être le relèvement de sa patrie.

D'autres naissent avec le désir de la gloire : ce fils de grand boyar naquit avec la volonté de se rendre utile à son pays. En 1834, il partit pour Paris et en rapporta, quelques années plus tard, un diplôme de médecin que les membres de la commission médicale de Bucarest contemplèrent comme nous faisons d'un document chinois. On n'avait alors aucune idée de la chirurgie dans les pays roumains où des médicastres grecs, allemands, hongrois, tuaient les gens au petit bonheur. Un de ses amis, Golesco, était revenu de notre École centrale et s'occupait du tracé des routes. Un jour que les deux jeunes gens déjeunaient dans une auberge, des marchands de Campina, qui s'étaient arrêtés sous l'auvent, les regardèrent et se dirent : « Voyez où en sont tombés aujourd'hui des fils de boyars : un Golesco qui mesure les routes, et un Kretzulesco docteur ! » Ça leur inspirait une profonde pitié. Dans les révolutions, les gens qui ont vraiment le sens de l'avenir ne sont pas plus compris de leurs vrais obligés que de leurs adversaires. Le désintéressement heurte tous les intérêts. Et cependant, on ne fonde rien sans lui. Les génies qui bouleversent la face du monde n'en sont que de merveilleux exploiteurs. Devant les grandes choses qui se sont accomplies en Roumanie, je ne crie pas au miracle, mais je crois à la vertu, et moins aux paysans, qu'à ceux qui aimèrent les paysans et se firent aimer d'eux.

Pendant soixante ans, Nicolas Kretzulesco, tour à tour ministre plénipotentiaire, président du Conseil, les yeux fixés sur le bien de son pays, domina tous les partis roumains et donna l'exemple d'une clairvoyance que les uns accusèrent de timidité et que les autres n'avaient pas le courage de proclamer. Il avait été fidèle à Couza. Le roi Charles ne connut pas de plus loyal serviteur. Les paysans l'adorèrent : ils virent toujours en lui le bon citoyen et le guérisseur. Ce grand vieillard se courbait pour introduire dans leurs chaumières la science de sa jeunesse. Léourdeni fut sa province et sa joie. A mesure que s'ouvraient les routes de la Roumanie, il perçait de nouvelles allées dans son parc. Je ne dis pas qu'à la fin de ses jours, il n'éprouva point, comme son voisin Bratiano, quelque amertume des événements et de cette société dont il avait hâté la naissance. Mais quel misérable idéal eût été celui de ces hommes, si la réalité ne les avait pas un peu déçus!

Son image s'associe invinciblement à l'idée de l'automne qui vient. On m'a permis de lire le journal intime de ses derniers jours tenu par une main pieuse, que son nom fait encore trembler. Ils ont la beauté tranquille où nous voyons s'éteindre des héros de Plutarque, et aussi la mélancolie des toiles où Grigoresco exprime la nature roumaine. La veille de sa mort, il se promenait encore dans son parc, marquant de sa canne les arbres qu'on devait abattre. Quand il sentit, à son tour, les premiers coups de hache, il fit écarter tous ses petits-enfants, pour leur épargner le spectacle de la défaite humaine. Mais, avant de se fermer, ses yeux purent encore une fois contempler ce grand pays prospère où le lendemain du paysan n'était plus « comme un nid renversé ». Il faut s'arrêter devant la tombe de ces hommes que la destinée fit naître pour les besoins de leur pays et qui n'eurent point à regretter d'avoir vécu. Ils furent heureux entre tous. Ils ne connurent point les tristesses et les humiliations que donne aux cœurs inutilement dévoués une patrie déchirée, diminuée, où de vastes écroulements démasquent les incertitudes de l'avenir. Ils emportèrent au tombeau l'image d'une renaissance nationale, et, tout chargés d'années qu'ils fussent, ils me semblent aussi enviables que les jeunes morts, aimés des dieux.

LIVRE II

JUIFS ET PAYSANS

CHAPITRE I

LES TROIS CLOCHES DE LA QUESTION JUIVE

— Quand partez-vous pour la Moldavie ?

— Demain.

— Vous allez y étudier la question juive ?

Mon interlocuteur est un sénateur moldave très antisémite et qui afferme ses propriétés à un Juif. Je lui réponds :

— A Dieu ne plaise ! Étudier la question juive, cher Monsieur, vous n'y pensez pas ! Plutôt descendre nuit et jour sur les radeaux de bois vos rapides de la Bistritza que de m'embarquer dans cette galère ! Ignorez-vous l'étrange maladie qui s'est abattue sur les trois quarts des hommes civilisés et qui ne leur permet plus de prononcer le mot « juif » sans manifester les premiers symptômes de la rage ? C'est le mot tabou par excellence. N'y peuvent toucher que les polémistes qui touchent à tout et les compilateurs de statistiques que rien ne touche. Je ne suis ni l'un ni l'autre. Encore si j'appartenais à l'Académie des Sciences morales et politiques, on excuserait ma témérité en faveur de ma compétence. Mais, simple voyageur, il ne me convient pas de trancher de l'économiste ou du philosophe. J'aime vos plaines et vos montagnes, la noblesse de vos paysans et leurs ballades si doucement parfumées où Mlle Vacaresco s'est tressé une couronne. Et quand je suis là, tranquille, jouissant d'une conscience pure et de la paix magnifique des moissons, vous venez me faire sursauter avec ces mots de « question juive ! » C'est proprement tirer un coup de pistolet à l'oreille d'un homme endormi.

— Pour un homme endormi, me dit mon sénateur moldave, vous parlez beaucoup, vous parlez comme un député roumain. Mais, puisque vous allez en Moldavie, vous étudierez la question juive.

— Pas plus que je ne l'ai fait lorsque j'ai parcouru la Valachie.

— Ce n'est pas la même chose ! Des soixante-huit mille Israélites établis en Valachie, quarante-trois mille résident à Bucarest, où ils se fondent dans la population commerçante. L'artisan et le paysan des campagnes valaques ont résisté jusqu'ici à l'invasion. Mais sur les trois cent soixante mille habitants des villes moldaves, nous comptons cent quarante mille Juifs, et les bourgs en sont infestés.

— Bon : je visiterai vos couvents. Votre ami, M. Vasesco, qui est le plus sympathique des hommes et le plus hospitalier, m'a invité dans ses propriétés du Nord.

— Il vous entretiendra des Juifs.

— Il m'a prévenu que quiconque prononçait ce nom sous son toit était mis à l'amende.

— Preuve qu'on y pense beaucoup. Et après?

— Après, j'irai voir M. Carp, s'il consent à me recevoir.

— Carp! Le pauvre! Il vous protestera que les Juifs sont de petits agneaux. Et après?

— Je descendrai jusqu'aux embouchures du Danube, aux steppes de la Dobrodja, où je trouverai des Turcs, des Bulgares, des Allemands, des Grecs, des Lippovans, des Arméniens, des Tatars...

— Et des Juifs !... Et qu'écrirez-vous, je vous prie, de la Moldavie? Qu'elle est peuplée de Tatars?

— Je ne serais pas le premier à le dire : vous avez des gens qui prétendent que beaucoup de vos Juifs sont d'anciennes tribus tatares converties à la loi mosaïque.

— On calomnie les Tatars... Croyez-m'en, allez en Moldavie et racontez bonnement ce que vous y aurez vu. Vous ne ferez ni économie politique, ni polémique, ni statistique, ni philosophie. Vous risquerez de mécontenter tout le monde, mais on vous en voudrait peut-être davantage de ne mécontenter personne. Vous écouterez les antisémites les philosémites, et les sémites...

— Quel carillon ! Mais pour l'antisémite, je n'ai pas besoin d'aller si loin. Je vous tiens, cher Monsieur, et je ne vous lâche pas que vous ne m'ayez sonné votre cloche.

— Volontiers. Avez-vous relevé trace de fanatisme dans la population roumaine ?

— Non : le peuple roumain me semble formé de trop de sangs divers pour être fanatique. Quand les hommes sont obligés de mettre d'accord en eux tant d'ancêtres naturellement querelleurs, cette intime conciliation les incline à la tolérance. Le fanatisme est un produit des races homogènes. Vous restez attachés à l'orthodoxie, mais vous l'avez dépouillée du mysticisme russe et réduite à ses plus simples expressions. Enfin votre Roi et son neveu, le Prince héritier, sont catholiques ; la Reine est luthérienne ; la princesse, anglicane ; le petit prince et ses sœurs, orthodoxes. Un théologien qui prendrait ses quartiers d'été au château de Sinaia y pourrait comparer toutes les religions de l'Europe, sauf l'anticléricalisme. En vérité, vous n'êtes point fanatiques.

— Vous nous croyez incapables de toute persécution religieuse?

— Absolument, ce qui n'emporte pas que vous soyez incapables de persécuter les gens.

— Nous y viendrons; mais notez d'abord que, depuis un demi-siècle, tous les cinq ou dix ans, on nous accuse de renouveler les abominations du Moyen Age. Or, savez-vous ce qu'à ma connaissance nous avons supprimé de Juifs pendant cinquante ans de persécutions? Deux Juifs polonais, ni plus ni moins. Condamnés, pour vagabondage et déposés, en vertu d'une ancienne convention sur la rive droite du Danube, ils nous furent ramenés par les Turcs; et, comme nous refusions de les recevoir, l'officier du Sultan leur ordonna de sauter dans le fleuve. Ils étaient dix : deux périrent. Cela se passait en 1867. Mais leurs cadavres ont fait le tour du monde. Des rixes, où quelques usuriers juifs avaient été houspillés, furent grossies en massacres d'Israélites. Vos journaux illustrés ont même publié des reproductions de charges militaires qui n'ont jamais eu lieu.

— Je conviens que vous n'êtes ni fanatiques, ni sanguinaires; mais, à en croire les brochures et les journaux étrangers, si vous n'égorgez pas vos Juifs, vous les affamez. Vos législateurs les ont investis d'un cercle de lois restrictives qui, d'année en année, se rétrécit. Exclus de toutes les fonctions, menacés dans tous les métiers, il ne leur restera bientôt plus qu'à suivre le conseil que Swift donnait aux Irlandais : de tuer leurs petits enfants, de les saler et de les exporter. C'est la seule industrie, paraît-il, que vous n'ayez pas songé à leur interdire.

— Permettez-moi de vous répondre par un apologue que se racontent nos paysans. Il y avait une fois une armée de Juifs qui s'en allait en guerre. Mais, comme elle approchait d'un moulin, de l'avant-garde à l'arrière-garde, juges, rabbis, lévites, cabaretiers et colporteurs, tous, d'un commun accord, s'arrêtèrent, et les trompettes n'osèrent plus souffler dans leurs cuivres, car, à la porte du moulin, un mâtin montrait les dents. C'était un gros, brave et honnête homme de chien qui, de sa vie, n'avait mordu, mais dont les crocs luisaient et dont les coups de gueule faisaient plus de tapage que l'eau du moulin et les meules des meuniers. La synagogue s'assembla : il fut décidé qu'on irait quérir un Roumain et qu'on le prierait de tenir le chien, pendant que l'armée passerait. Eh bien ! mon cher Monsieur, nos lois, nos terribles lois ressemblent à ce chien qui ne mord pas, mais qui a l'air de mordre et qui aboie. Et l'armée passe toujours, parce qu'il se trouve toujours un bon Roumain pour tenir la bête.

— Heureusement, lui dis-je, cette armée commence à se disloquer. J'ai lu que vos Juifs émigraient.

— Les misérables! s'écria mon sénateur. Nos mauvaises récoltes de 1899 nous avaient mis très bas. Que devient le parasite, quand le corps social dépérit? Je ne nie pas que plusieurs milliers de Juifs soient alors partis pour l'Amérique. Et tout Israël de proclamer que nos violences avaient déterminé un nouvel exode d'Égypte! Le Gouvernement offrait aux émigrants des billets de chemin de fer. Ils préférèrent s'en aller à pied jusqu'en Hongrie, afin que le spectacle de leurs loques poudreuses ameutât contre nous tous les rhéteurs de l'Europe! Ah! ne croyez pas à l'émigration! Ils nous menacent d'émigrer.

— L'étrange menace! Il me semble que vous ne pouvez rien souhaiter de mieux.

— Et notre commerce qu'ils ont accaparé? Comment voulez-vous que nous les remplacions en vingt-quatre heures? Si nous les naturalisions, demain la moitié de notre Parlement serait juive, et juif tout entier notre ministère. Mais, s'ils nous quittaient, Dieu sait ce qu'ils emporteraient dans leurs malles et ce qu'ils nous laisseraient!

— Cependant, lui dis-je, vous affermez vos propriétés à un Juif.

— Il m'est impossible de les administrer moi-même, et je n'ai pas rencontré de fermier roumain qui m'en donnât cent vingt mille francs.

— Et votre conclusion ?

— Ma conclusion est que la Roumanie, qui a triomphé de tant de fléaux, triomphera sans doute d'Israël. Mais comment? Je vous confesse que je l'ignore.

Je remerciai mon sénateur, et, de ce pas, j'allai trouver un député moldave dont les sympathies pour la cause juive sont assez connues.

— Rappelez-vous, me dit-il, notre ancien état social : une aristocratie foncière et des paysans, c'est-à-dire des serfs. Entre les deux, un espace vide. Les Juifs y ont débordé. Leur immigration, loin d'être entravée, fut favorisée par nos anciens boyars et princes de Moldavie, et surtout par ce Michel Sturdza qui purgea la Principauté de ses bandits et n'y souffrit d'autre voleur que lui. Les communautés juives payaient exactement les impôts. Et les choses allèrent ainsi jusqu'au jour où la Roumanie organisée et indépendante s'entendit réclamer des droits de citoyens pour ces étrangers qui, pendant qu'elle rompait ses chaînes, avaient pullulé et s'étaient emparés de toute sa vie commerciale. Leur naturalisation en masse, demandée au Congrès de Berlin, eût été notre mort. Et nous serons éternellement reconnaissants à Bratiano de nous avoir sauvés de ce désastre.

Mais, une fois hors de danger, nous nous sommes entêtés dans une politique mesquine et maladroite. Nous devrions pourtant comprendre qu'un pays jeune comme la Roumanie ne peut s'offrir le luxe de conflits intérieurs. Que trois cent mille Juifs nous possèdent encore plus que nous ne les possédons, c'est un malheur, j'en conviens, mais c'est une réalité. Que sert de récriminer contre l'irrémédiable? Il faut vivre en bonne intelligence avec des gens sans qui nous ne saurions vivre. A Bucarest, ce sont eux qui font prospérer les Compagnies de tramways. Notre Roumain aime la musardise et perd son argent à bayer aux corneilles. Le Juif saute dans le tramway et pour deux sous en gagne vingt. D'après ce petit détail, jugez de l'ensemble! Avez-vous été au Palais de Justice? Vous y verrez de gros avocats roumains, sans doute antisémites, escortés d'un petit Juif, moitié secrétaire, moitié rabatteur, qui les oriente vers les bonnes affaires et qu'un mauvais plaisant de mes amis appelle le pilote du requin... Nous n'avons pas un excédent de population qui nous permette de refuser des travailleurs, et personne ne travaille à meilleur marché que le Juif. On m'objecte la race et que l'Israélite est inassimilable. Comment le croirais-je, voisin de la Hongrie, où neuf cent mille Juifs sont devenus si Magyars que seul leur chauvinisme les distingue des autres Magyars? Je n'ignore pas qu'en se les adjoignant les Magyars ne cherchaient qu'à se fortifier contre les Allemands et les Slaves. Politique ou humanité : peu importe ! L'expérience a pleinement réussi. Mais je ne demande pas qu'on la tente chez nous : je voudrais uniquement qu'on rendît plus facile et surtout plus loyal l'accès à l'indigénat et qu'on renonçât à ces absurdes lois en saillie dont notre Parlement se décore, aussi hargneuses que des gargouilles gothiques et à peine moins inoffensives. Si notre administration appliquait strictement ses ordonnances, aucun Juif ne pourrait exister en Roumanie. Or il en existe des centaines de mille. Nous sauvons la sévérité de nos lois par la faiblesse de nos fonctionnaires. Tout cela crée de l'arbitraire et de la corruption. Enfin, Monsieur, vous avez lu les Mémoires de notre Roi : laissez-moi vous citer ce passage d'une lettre que le prince Charles-Antoine écrivait à son fils en mai 1868 : « J'ai déjà observé, disait-il, que toutes les affaires juives sont de *noli me tangere*. Ce fait accompli est une manifestation morbide de l'Europe, mais il faut l'accepter comme un fait accompli. » Je ne tiens pas au mot « morbide », mais je souhaite que nous profitions du conseil ; nous avons chèrement payé nos imprudences, car la ploutocratie, dont nous avons eu besoin, aime à venger son petit coreligionnaire, et je vous prie de croire que ses vengeances sont des placements de patriarches!

Comme il me reconduisait, il m'arrêta au seuil de sa porte et reprit :

— Nous avons reçu récemment la visite d'un agitateur[1] qui s'est promené de Iassi à Bucarest au milieu d'une foule de Juifs accourus à sa rencontre, ni plus ni moins que s'il eût été le Messie. Il leur prêchait de rester Juifs avant tout. J'ai été fâché de voir au premier rang de son cortège nos Israélites naturalisés Roumains. Il y a bien des malentendus entre les hommes. Mais la Roumanie qui a triomphé des Fanariotes et des Turcs... Vous souriez?

— Je souris parce que vous allez conclure à peu près dans les mêmes termes que tout à l'heure un farouche antisémite.

— Que voulez-vous? Si divisés que nous soyons, nous avons une égale confiance en l'avenir de notre pays.

Ces deux entretiens résumaient au mieux tout ce qu'on pouvait m'apprendre avant que je partisse pour la Moldavie. Néanmoins, il me parut bon d'interroger un homme appartenant par sa naissance à la race soi-disant opprimée et par sa

1. M. Bernard Lazare, qui, au retour de son voyage, publia un violent réquisitoire contre les Roumains : *les Juifs en Roumanie* (*Cahiers de la quinzaine*).

naturalisation au peuple soi-disant oppresseur. Il me reçut avec une défiance que la franchise de mes explications dissipa très vite.

De la conversation que j'eus avec cet homme, d'une très haute et très lucide intelligence, il se conclut que les Juifs de Roumanie ont à se plaindre, non de persécutions religieuses, mais de vexations administratives, et que leurs récentes émigrations proviennent surtout de la crise financière.

— L'indigénat, me dit-il, s'obtient au mépris du bon sens. Les trois ou quatre cents Israélites naturalisés ne sont ni les meilleurs, ni les plus dignes. Vous citerai-je le fils d'un de mes amis qui s'est vu repousser parce que son père, déjà naturalisé, lui, était soupçonné de fournir des fonds aux chefs d'un parti politique? Nous avions un savant qui briguait sa naturalisation. La Chambre l'éconduisit. De désespoir il se fit baptiser. La Chambre persista dans son refus. Cette fois, en qualité d'Israélite, j'approuve! Mais, enfin, que désirent les Roumains? Nés fonctionnaires, ils appréhendent que les Juifs leur disputent les professions libérales. Ils ne comprennent pas que leur véritable intérêt serait de s'assimiler, comme les Magyars, cette force admirable et admirablement disciplinée que nous leur apportons. Deux hommes d'État l'ont senti : Cogalnitchano qui, avant de se rendre au Congrès de Berlin, voulait d'un trait de plume résoudre la question israélite, et M. Carp. Ni l'un ni l'autre, pas plus que moi, ne souhaitait une naturalisation en masse. Il nous suffirait que les Juifs, établis depuis deux générations dans le pays, pussent facilement recevoir les droits de citoyens. On reproche au Gouvernement de les astreindre au service militaire. Moi, je ne le lui reproche pas! Je préfère infiniment à l'imposition d'une taxe cette obligation de passer par la caserne, qui rompt le cercle d'isolement où le Juif, s'il y garde toutes ses vertus, devient plus réfractaire aux usages de sa nouvelle patrie. Les mesures susceptibles de le mêler intimement à la vie nationale, j'en accepte l'injustice provisoire en considération des avantages futurs[1]. Mais, pour Dieu, que les États-Unis ne se soucient pas de nos affaires et que les nations étrangères ne nous envoient ni prophète, ni apôtre! Allez en Moldavie, Monsieur, et ne vous étonnez pas d'y trouver tant de Juifs cabaretiers : je vous assure qu'ils ne demanderaient pas mieux que d'être avocats.

1. Cette loi du service militaire qui frappe les Juifs n'a été faite que pour arrêter leur continuelle émigration de la Pologne et de la Galicie. D'ailleurs, en 1897, le ministre de la Guerre proposa de la remplacer par une taxe : les Juifs protestèrent, et la proposition fut retirée. Je renvoie tous ceux que cette question juive intéresserait à l'excellente brochure de M. Jean Lahovary : *la Question israélite en Roumanie* (Bucarest, 1902) ; à l'ouvrage de Verax : *la Roumanie et les Juifs* (Bucarest, 1903), le plus complet qui ait paru ; enfin à la brochure de M. Bernard Lazare.

Je m'en retournai par la Calea Sébastopol, et je m'arrêtai un instant devant le cimetière juif, au centre de Bucarest, espèce de terrain vague où les pierres tombales disjointes se heurtent de la tête dans un fouillis de tempête. La plupart de ceux qui dorment là sont des descendants de Juifs espagnols expulsés sous Philippe II et qu'on nomme les *Sephardim*. Ils ont formé à Bucarest une communauté distincte, avec sa synagogue. Et une réelle antipathie les sépare des Juifs polonais, galiciens ou moldaves. Je ne vis pas devant ces tertres sauvages les tas de cailloux qui, dans le cimetière de Prague, inspiraient au poète Suédois Levertin ces vers mélancoliques :

Ne mettez ni fleurs, ni rubans, ni couronnes sur leurs tombes. La vie ne leur donna pas de couronnes vertes, mais des pierres. Sur leurs tombes mettez des pierres!...

Tant il y a que, jusque dans la mort, ce qui reste d'eux présente l'image d'une destinée singulièrement orageuse.

CHAPITRE II

UNE FÊTE A LA CAMPAGNE

La charge de Ministre de l'Instruction publique n'est une sinécure en aucun pays du monde, et en Roumanie moins qu'ailleurs. Les Roumains qui vivent sous un Roi ont adopté dans leurs rapports hiérarchiques une simplicité républicaine que beaucoup de républiques ignorent. Leurs ministres ne sont pas des personnages sacro-saints, toujours flanqués de satellites, de thuriféraires et d'huissiers moroses qui ont l'air de garder un pacha turc.

Quand on leur écrit, il leur arrive de vous répondre, et l'on écrit particulièrement au Ministre de l'Instruction publique. C'est à lui que s'adressent les pères et les mères de famille, et, comme dans les lycées roumains les examens de passage sont encore plus sévères qu'en Allemagne et condamnent parfois soixante pour cent des élèves à redoubler leurs classes, les lettres de réclamation pleuvent sur le Grand-Maître de l'Université. Les professeurs et les instituteurs correspondent avec lui, délicieusement affranchis du protocole. Il règle tout, et, quand il va, lui aussi, inaugurer un monument ou célébrer une commémoration, il voyage dans l'état d'un simple particulier et dîne au buffet des gares, sans que les troupes soient mobilisées et que les députations encombrent les salles d'attente et que les voyageurs, penchés aux portières, se demandent si une émeute a éclaté ou si la locomotive a pris feu. La Compagnie met à sa disposition un wagon-lit, mais personne ne l'accompagne, personne, sauf peut-être un très obscur étranger qu'il a rencontré et à qui il a dit :

— Puisque vous partez pour la Moldavie, montez donc. Il est neuf heures; nous causerons jusqu'à dix. Puis nous nous coucherons et demain, à sept heures, vous vous réveillerez en plein pays Moldave. Et vous viendrez avec moi à Rasboieni, où nous fêterons l'anniversaire de Plevna et l'ancienne défaite d'Étienne le Grand.

L'étranger s'est confondu en remerciements, mais il a cru avoir mal entendu les derniers mots du Ministre.

— La défaite d'Étienne le Grand, monsieur le Ministre?

— Oui, sa seule défaite. Ses dix mille boyars, qui avaient mis pied à terre pour se couper la fuite, tombèrent accablés sous le nombre des

Turcs. Mais, vaincu, Étienne ne désespéra pas, et, au moment qu'on le jugeait terrassé, il se releva fièrement contre ses vainqueurs. C'est ainsi que parlent nos vieilles chroniques. Ces défaites valent qu'on les honore. Elles entraînent d'admirables victoires contre le découragement et nous prouvent que nous ne sommes jamais vaincus que par nous-mêmes.

L'étranger s'est installé dans le wagon ministériel, dont le confort le réjouit encore moins que la société d'un Ministre si simple, si affable, et qui, ancien professeur de l'Université de Bucarest, a ce notable avantage sur tant d'autres Ministres, de se connaître aux choses de son Ministère.

Et voilà comment j'arrivai en Moldavie.

La petite gare où nous attendaient les voitures de Rasboieni était bondée de sacs de blé. Nous partîmes à travers des plaines riches que bornaient à l'horizon les lignes bleu sombre des forêts. Le fameux bourg n'avait rien de remarquable, si ce n'est que, dans les auberges et les épiceries, les Juifs avaient tout préparé pour rendre la fête aussi complète que possible. Et nous aperçûmes bientôt sur le haut d'un mamelon, l'église qu'Étienne construisit à l'endroit même « où Dieu voulut que les chrétiens Moldaves fussent vaincus par les païens de Mahomet ». La foule s'y était déjà massée, et de longues rangées de voitures et de charrettes noircissaient au soleil dans des champs couverts de chaume. La petite église, entourée d'un enclos, est confiée à la garde d'une dizaine de nonnes qui habitent une pauvre maison délabrée. Les vieux journaux y remplacent les vitres cassées, et, dans la pièce où nous entrâmes, le soleil ne pénétrait qu'à travers les grosses lettres noires d'une *Démission du Ministère* qui datait de 1899.

On se rendit à l'église. Le Ministre baisa les Images, et la cérémonie commença. Je n'ai jamais trouvé beaucoup de recueillement aux offices de l'orthodoxie. Les assistants, debout et pressés les uns contre les autres, leurs signes de croix précipités et terriblement simplifiés, le balancement rapide des têtes, l'espèce de nervosité qui s'empare des corps, tout semble crier : « Allons! Dépêchons-nous! Nous arriverons en retard! Vite! Vite! Il faut que ça finisse! » Et quand ça finit, c'est une bousculade. Les popes haletaient, les fidèles se piétinaient; mais les nonnes, en fortes paysannes habituées aux travaux des fermes, nous enfournaient sous le portail à grands coups de coudes et d'épaules. Enfin, le cortège s'ordonna entre deux haies de miliciens qui, coiffés du képi, portaient les beaux costumes des paysans roumains : le pantalon serré à la cheville, et la veste en peau de mouton, bordée de fourrure et brodée de laines multicolores,

On se hâta par les sentiers et les champs vers une petite pyramide surmontée d'une aigle qui étreignait dans ses serres le drapeau turc. Plevna a vengé définitivement Rasboieni. Lorsque les prêtres eurent achevé leurs actions de grâces, nous entendîmes les orateurs. Les Roumains mentiraient à leur double origine de Latins et de Paysans du Danube, s'ils n'aimaient les discours. Tous les orateurs furent acclamés. Les soldats criaient : « Hurrah ! » les bourgeois : « Bravo ! » Le soleil de midi dardait sur ces flots d'éloquence ; mais personne ne lâcha pied. Je vis se succéder à la tribune plusieurs professeurs, des maîtres d'école et le savant historien Tocilesco et le vieux Nicolas Jonesco, vétéran de 48, dont la voix tombante glorifia la Patrie.

Mais pour moi l'intérêt de la fête n'était pas là : il ne fut pas plus au banquet populaire, servi sous les murs de l'église, où cependant quelques jeunes Roumains de Bucarest me confièrent que les gens qui avaient ressuscité leur pays avaient oublié de leur former une âme ; — à quoi je leur répondis qu'avec de la bonne volonté ils pourraient se la former eux-mêmes. On s'y plaignit en effet que la jeunesse fût désabusée. De quoi, Seigneur ? Si c'était au moins des fonctions publiques et du métier de politicien !

Je préférais à ces romantiques bureaucrates les

cymbaliers tsiganes dont la fanfare venait de défiler sur la grand'route. Qui n'a pas contemplé un tsigane jouant des cymbales sous les yeux d'un Ministre ne connaît pas l'image du parfait bonheur. Vous croyez peut-être que ce pauvre diable agite dans ses mains des disques de cuivre? Détrompez-vous : il tient, il possède, il brandit, il entrechoque tous les trésors de l'Inde. La tête rejetée en arrière et sa maigre poitrine dilatée, il marche, les jambes frémissantes, dans le flamboiement et le tintamarre de l'or. Ses prunelles roulent éperdument, comme si elles voulaient suivre au vol les fusées de sons vermeils qui jaillissent entre ses doigts. Qu'il est peu redoutable, ce maraudeur aux yeux fauves, dont un morceau de cuivre sonore fait plus qu'un radjah, plus que le cousin du soleil! Il ressemble au coq de bruyère qui, lorsqu'il chante ses amours, s'ensorcèle de sa voix rauque et tourne sur lui-même, et s'enivre et s'oublie, et se laisse prendre comme un petit oiseau déplumé. Et vos orateurs, ô Latins, ressemblent aussi au coq de bruyère, vos poètes, vos idéologues, vos paysans même qui dansent sur la lisière des moissons. Mais des gens autour d'eux les écoutent parler et ne parlent pas, les entendent chanter et ne chantent pas, les regardent danser et ne dansent pas, leur servent à boire et ne boivent pas.

Contre ces gens taciturnes qui menacent de les mettre en cage, le Gouvernement a recruté ses maîtres d'école. A l'intelligence des envahisseurs, il veut opposer l'instruction des envahis. Et le Ministre avait profité de son voyage à Rasboieni pour passer la revue des instituteurs du département. Ils étaient là, tous, de beaux hommes, figure énergique et démarche assurée, derrière leur *revisor* ou inspecteur primaire, et tous en costume national; le costume de leur chef ne se distinguait que par la finesse de la chemise et la richesse des broderies. On désire qu'ils gardent leurs habits rustiques, car ils ne doivent être que les premiers des paysans. Les édifices scolaires qu'on leur a bâtis risquaient de leur donner le dédain des chaumières et de les transformer en demi-savants exilés au milieu des labours. Le Ministre exigea qu'ils apprissent l'agriculture et l'enseignassent à leurs élèves. Il les rattacha plus fortement encore à la glèbe en leur cédant un ou deux hectares dont la moitié est utilisée en jardin scolaire, et l'autre abandonnée à leur initiative. Cultivateur de son lopin, le maître d'école a grossi ses appointements et a commencé de prendre sur les campagnards l'ascendant d'un homme plus instruit qu'eux, mais enraciné comme eux dans le labeur de la terre. C'est lui qui organise les banques rurales, et tente d'arracher le paysan aux griffes de l'usurier juif. C'est lui qui fonde des coopératives dont l'effet presque immédiat, paraît-il, est d'évincer de la commune la colonie étrangère.

Il se fait ainsi, sur certains points des campagnes roumaines, un travail de propagande nationale dont l'instituteur est le meilleur agent, jusqu'ici très docile et très modeste. Et peu à peu on lui adjoint le prêtre, le jeune prêtre sorti d'un séminaire où les lueurs de la vie moderne ont pénétré. Les Roumains n'ont pas encore créé d'antagonisme entre l'instituteur et le pope, ni pensé que le progrès consistât à sacrifier l'un au profit de l'autre. Dans beaucoup de villages, le pope est en même temps maître d'école.

J'avais donc sous les yeux et je pouvais dénombrer les forces que les campagnes moldaves mettent en ligne contre les Juifs. Mais ces forces sont-elles bien sûres ? Ceux qui m'entouraient n'en étaient pas très convaincus. On a beau retenir l'instituteur à ses livres et à ses champs ; on n'empêchera pas que, dans un pays où les intérêts de l'oligarchie terrienne sont en désaccord avec les principes démocratiques qu'elle affiche, l'instituteur ne finisse par en être frappé et n'essaie de résoudre à sa manière le problème des classes. De même pour le pope. Ces salariés, dont le salaire restera toujours très inégal à leur importance, marcheront quelque temps contre les étrangers, les pelés, les galeux, d'où leur semble venir tout le mal; mais, par delà ces rangs ennemis, ils arriveront fatalement et se heurteront à l'iniquité sociale de la grande propriété.

Je me trouvais à côté d'un propriétaire qui, après avoir applaudi au défilé martial des beaux maîtres d'école, ne me cachait pas la crainte que leurs efforts, combinés avec ceux des jeunes popes, n'aboutissent plus tard aux doctrines socialistes.

— Pourquoi cette crainte? lui disais-je. Ne formez-vous pas en eux d'excellents auxiliaires dans votre résistance à l'invasion juive?

— Il est vrai, me disait-il; mais ces auxiliaires ne se laisseront-ils pas emporter par leur zèle? Ne nous aliéneront-ils pas un jour l'esprit de nos paysans?

Il me souvint de la prédiction que m'avait faite, la semaine passée, dans le délicieux paysage olténien, le premier député socialiste de la Roumanie, et je lui répliquai :

— En effet, quand ils auront « désenjuivé » vos campagnes, ils aspireront peut-être à y fonder la démocratie rurale.

— Vous en parlez bien à votre aise! s'écria-t-il... La démocratie rurale, peste!... D'ailleurs, nous avons le temps d'y penser. Vous ne vous doutez pas encore, vous ne pouvez pas vous douter de la puissance du Juif !...

Cette puissance qui aurait dû l'effrayer semblait au contraire le rassurer. Il ne l'avouait pas, certes! Cependant je le devinai dans sa complaisance à m'énumérer les ressources d'Israël et les innombrables stratagèmes de ce peuple ingénieux qui jadis, pour se libérer de ses péchés, avait inventé le bouc émissaire. Cette belle invention a fait son chemin à travers le monde... Et je me demandai, en écoutant mon interlocuteur, si les Juifs de Roumanie ne servaient pas provisoirement de rempart, et comme qui dirait de couverture aux péchés de l'aristocratie foncière.

Du régiment des instituteurs mes regards se portèrent sur les paysans qui nous entouraient ou qui s'en allaient à l'auberge.

M. Také Ionesco m'avait marqué la différence entre les paysans Moldaves et les paysans Valaques d'un mot saisissant : « Le Valaque laisse pousser ses cheveux, le Moldave ne les coupe pas. » Tout est là. Sous la résignation qui donne aux habitants des campagnes olténiennes leur gravité orientale, on sent une armature de fierté : ici, on ne sent rien qu'hébétude et dépression. Lent, paisible, les yeux doux, le visage triste jusque dans ses sourires, vous diriez souvent du paysan Moldave un homme mal réveillé et dont l'intelligence, réelle mais engourdie, sommeille encore sous les vapeurs d'un narcotique. Les femmes d'ordinaire ont le masque dur. C'est toujours sur les traits des femmes que s'imprime le plus rudement la misère morale d'un pays.

En vérité les propriétaires roumains n'ont pas trop à s'inquiéter de l'avenir des grandes propriétés ni du socialisme. Mais comme les instituteurs feront bien de relire les vieilles chroniques et d'y puiser le courage qui surmonte les défaites ! Moins heureux qu'Étienne, ils mènent au combat des troupes endormies, et j'ai dans l'idée que cette fois les boyars ne mettront pas pied à terre pour les défendre...

CHAPITRE III

UN MONASTÈRE MOLDAVE

J'avais quitté Rasboieni au moment où les enfants de l'école représentaient devant le Ministre une comédie en plein air. Le sous-préfet de Néamtsu m'emmenait coucher au monastère d'Agapia, avant de me conduire dans sa résidence.

Nous étions à peine sortis du bourg que je pus constater la singulière apathie des paysans Moldaves. Un convoi de charrettes montait la côte que nous descendions, de petites charrettes incapables de traîner la montagne de foin, dont, au mépris des lois les plus élémentaires de l'équilibre, on les avait chargées. Et il arriva ce qui, à moins d'un miracle, devait arriver : la première versa, la seconde bascula, la troisième en fit autant et la quatrième se mit à osciller, comme si les violons tsiganes lui jouaient un air de *hora*. Les bœufs s'accroupirent dans la poussière ensoleillée et reprirent placidement leur songe de nuit fraîche et d'abreuvoir. Leurs conducteurs, devant leur foin éparpillé et cette demi-journée de travail perdue, s'assirent en souriant au bord de la route et regardèrent les miliciens qui revenaient de la fête et de jeunes popes qui s'en retournaient chez eux, leurs vêtements sacerdotaux pliés sous un bras et leur petite femme toute en rose suspendue à l'autre.

Le soleil nous harcela dans ces plaines découvertes, mais, à son déclin, nous atteignîmes les Carpathes, et le chemin sinueux fut baigné d'ombre. Nous n'apercevions pas le monastère : cependant on le devinait, aux maisons de paysans plus nombreuses et plus confortables bâties sur cette terre jadis ecclésiastique.

Si vous allez jamais au monastère d'Agapia, je vous signale un tournant de la route où vous verrez une croix et une fontaine. Arrêtez-vous et buvez de cette eau. Ce n'est pas qu'elle soit plus limpide et plus désaltérante que les eaux qui jaillissent dans les montagnes. Mais vous n'en aurez pas avalé deux gorgées que vous aurez oublié la question sociale de la Moldavie. Il ne vous souviendra plus que la vie est souvent compliquée pour ceux qui ne sont nés ni princes, ni demi-princes, ni quart de princes, ni boyars, ni même simples propriétaires de trois mille hectares. Et le plus blanc des monastères vous apparaîtra à l'entrée d'une gorge montagneuse comme la maison blanche des gardiens du paradis. Ses tours, ses tourelles, ses pignons, son beffroi à deux étages, ses toits de fer, se détachent en blancheur sur le fourmillement noir des lances de sapins. Une allée de villas conduit à son gros porche surbaissé. Ces jolis pavillons sont habités par des nonnes qui n'ont point trouvé place dans l'intérieur du monastère ou qui préfèrent cultiver elles-mêmes leur jardin.

Au moment où nous arrivions, deux grandes voitures encombrées de malles s'ébranlaient sur les pavés. « Mon Dieu, m'écriai-je, le couvent déménage-t-il ? Est-il expulsé ? arriverions-nous trop tard ? » On me rassura : ce n'était que des hôtes qui s'en allaient. Les nonnes d'Agapia, en dépit du métropolite, mais avec l'assentiment du préfet, demeurent fidèles aux coutumes hospitalières des couvents d'autrefois. Chaque été, elles louent leurs ermitages pour un prix assez modique. Jadis, elles étaient toutes filles de haute naissance et richement dotées. Aujourd'hui, l'abbaye s'embourgeoise, s'appauvrit ; mais des gens du monde y viennent chercher encore une villégiature où les plaisirs mondains se sanctifient et où les sanctifications se parfument de mondanité.

La porte franchie, vous entrez dans une grande cour gazonnée et sillonnée de chemins étroits en pierres plates et luisantes. Au centre s'élève l'église et tout autour le monastère. Ne vous attendez pas à la sévérité d'un cloître : c'est un assemblage de maisons dont chacune a son caractère, reliées entre elles par deux balcons de bois, l'un presque au ras du sol, l'autre au premier étage. Les chambres, les chapelles, les réfectoires, les appartements de l'abbesse ouvrent sur ces balcons verdoyants de lierre et empourprés de vigne sauvage. Les chambres des nonnes ressemblent aux cellules des carmélites comme un carrosse à une charrette. Les planchers sont recouverts de tapis et les murs de tentures à demi orientales. J'y ai vu peu de saintes Images, beaucoup de photographies : celle du Prince héritier, celles des frères, des cousins et des hôtes, des albums dorés sur les guéridons, des fleurs sur les cheminées, des broderies sur les canapés-lits, tous les coussins et tous les sourires d'une religion qui s'humanise. Les plus pauvres sont encore meublées comme, si j'étais ouvrière et coquette, je voudrais l'être. Elles tissent en fredonnant leur robe de bure et vendent aux voyageurs des chaînes de leurs cheveux coupés. Car les unes sont riches, les autres pauvres ; mais ce sont surtout les chambres des riches que l'on visite. Et les unes sont vieilles, les autres jeunes ; mais ce sont surtout les vieilles que l'on rencontre.

Je ne dirai rien de la cuisine : j'en dirais trop. J'imagine que les nonnes d'Agapia ont entrepris de corrompre les fonctionnaires du Gouvernement, et qu'elles connaissaient le faible du Sous-Préfet pour la soupe au poulet et les gâteaux au fromage. Après le dîner, nous sortîmes. C'était l'heure où les Roumains disent que le jour et la nuit s'embrassent. Le monastère semble bien clos, mais il a des couloirs et des escaliers qui donnent sur la forêt. La nuit avait l'exquise beauté des nuits pures dans les défilés sombres, de ces nuits qu'on sent plus à soi parce qu'on n'en découvre pas l'immensité. La lune à demi voilée par un nuage le traînait comme une écharpe amoureuse sur la gorge des montagnes. Des ombres, plus noires que l'ombre, se promenaient entre les hêtres. L'eau d'un petit moulin bruissait à nos pieds. Les rires étouffés faisaient un clapotis de jeunesse sous les fleurs des vérandas monastiques. Tout à coup des sons de trompe s'appelèrent, se répondirent, se répercutèrent au loin. On eût dit que les sonneurs s'enivraient eux-mêmes de leurs sonorités et qu'ils sonnaient un hallali pour le plaisir des étoiles.

Le Sous-Préfet se mit à rire :

— Ne vous étonnez pas, me dit-il : ce sont les veilleurs. Ils savent que je suis ici, et ils font du zèle.

— Ma foi, monsieur le Sous-Préfet, lui répondis-je, des administrateurs que je connais vous êtes le seul dont la présence ajoute à la poésie de la nature.

Comme nous regagnions la grande avenue et que nous passions sous les fenêtres d'une villa, des jeunes filles roumaines, les filles d'un général, je crois, s'écrièrent dans le plus pur français : « Qui sont ces deux ostrogoths ? »

— Que disent-elles ? me demanda le Sous-Préfet.

— Que nous sommes deux ostrogoths. C'est un souvenir des invasions.

— Avouez que vous ne pensiez pas être traité d'ostrogoth, par une belle nuit d'été, au fond d'un monastère de la Moldavie !

— Je l'avoue ; mais si nous faisions une petite irruption dans l'église ?

— En effet, c'est l'heure. Écoutez.

Une vieille nonne clopinait à ce moment autour de l'église. Elle frappait sur une planchette avec un morceau de bois et en tirait une gamme de sons grêles, presque aussi clairs que des sons d'harmonica, puis deux ou trois notes plus espacées et plus fortes. Alors elle s'arrêtait, et, quand les dernières vibrations s'en étaient assoupies, elle reprenait sa marche et son étrange musique.

L'église resplendissait. Au-dessus de l'autel, une Vierge peinte, toute cuirassée de lames d'argent, ne montrait que son visage et ses mains noires.

Mais un souffle tiède de jeunesse était passé sur les piliers et sur les murs. Les barbes neigeuses des patriarches byzantins avaient fondu. Les corps glacés en gestes hiératiques avaient retrouvé leur souplesse ; les tableaux qui émergeaient à la clarté des cierges n'offraient aux yeux que des Christ jeunes et pleins de vie, et des femmes évangéliques d'une grâce infiniment humaine. Cependant les nonnes clairsemées sur les dalles avaient toutes atteint l'âge de la décrépitude, sauf l'officiante qui, d'une voix galopante et rauque, psalmodiait les prières du soir. La splendeur de l'église, son grand voile noir étendu comme un tapis sous ses genoux, son teint mat, ses paupières bistrées, lui donnaient une beauté de tragédienne. Est-ce un effet de notre détestable imagination romanesque qui, dans une belle créature agenouillée sur une pierre nue, se plaît toujours à chercher un mystère, ou faut-il croire que la plus charmante des abbayes de Thélème recèle aussi de la révolte et de la douleur ?

— Mais, demandai-je, où sont les autres religieuses ?

— Les jeunes, me répondit-on, les *maïcoutze*, pourquoi voulez-vous qu'elles se dérangent ? Les vieilles sont là qui prient pour elles.

Le lendemain, de grand matin, je retournai à l'église, et j'y reconnus les mêmes nonnes, plus vieilles d'une nuit ; mais je ne vis point les jeunes.

— Où sont-elles? demandai-je.

— Apparemment, elles dorment encore, me répondit-on.

La Supérieure, elle, ne dormait pas, et je fus admis à lui baiser la main. Elle avait quatre-vingt-six ans et appartenait à une des plus anciennes familles du pays. Son corps diaphane n'était, selon le mot du poète, que le dernier prétexte pour que son âme s'attardât dans ce joli monastère. On croyait sentir que la vie lui avait été aussi douce que l'étaient aux petites nonnes ses douces mains d'aïeule.

Mais qu'y a-t-il de plus trompeur que les visages? Le voyageur les interroge et, dans sa mémoire où il en garde le pâle reflet, il les fait parler comme le veut sa fantaisie. Je ne sais rien des cœurs d'Agapia. Je sais seulement que les derniers jours de septembre s'y couronnent de fleurs, que la nuit était merveilleuse, que des nonnes invisibles riaient sous la feuillée et que, lorsqu'il fallut partir, la saison des hôtes finissait : les jeunes employés du téléphone avaient plié bagages et devant la route, où ils s'éloignaient et où s'éloignaient avec eux les joyeuses sonneries qui précèdent les visiteurs, les sœurs tourières avaient les larmes aux yeux.

CHAPITRE IV

SYNAGOGUES ET HOPITAL

J'arrivai un samedi matin à Neamtsu, petite ville de huit mille âmes. Les samedis moldaves ressemblent aux dimanches anglais. La ville mal bâtie, qui commence comme un hameau et finit comme une bourgade, était livrée au soleil, aux mouches et à la poussière. Sur la place du marché, deux Roumains se promenaient mélancoliquement autour d'une pile de melons. Les échoppes étaient fermées ; les épiceries et les boucheries étaient fermées ; des cabarets même étaient fermés. Les chiens désœuvrés venaient renifler aux interstices des volets clos. Mais des différents points de la ville, on entendait, à brusques intervalles, des explosions de cris sauvages. Les douze synagogues célébraient le sabbat.

Je n'ai rien vu au premier abord de plus repoussant que ces synagogues, rien qui réponde moins à l'idée que je me forme d'un culte religieux ; non, rien, pas même dans les affreux greniers des pagodes chinoises. Représentez-vous une vieille salle d'école mal aérée, jamais balayée, empestée d'ail, pleine de gens assis ou debout, le chapeau enfoncé jusqu'aux oreilles, quelques-uns ayant jeté sur leur tête et leurs épaules un morceau de tapis rayé, luisant de graisse. Le rabbin, devant son pupitre, leur tourne le dos et lit à haute voix, pendant qu'ils causent, discutent, se déplacent, semblent traiter leurs affaires. Et soudain, au moment où la voix du rabbin, qui s'entendait à peine, ne s'entend plus, tous ces gens éclatent en hurlements et en vociférations. Ils passent du brouhaha au charivari. Et je confesse que cette façon de louer Dieu m'a profondément répugné.

Mais la scène prit bientôt à mes yeux une sorte d'intérêt dramatique. Ce n'était pas une simple assemblée de fidèles qui fourmillait dans cette masure : c'était une armée en marche. Ce prêtre, encapuchonné d'un voile brillant, la tête en arrière, la barbe presque horizontale, drapé de blanc comme l'Arabe dans son burnous, avait l'air, tout immobile qu'il fût, de marcher à la conquête d'une terre promise. Derrière lui, la foule arrêtée un instant, pour établir ses comptes et supputer ses gains, repartait sur des clameurs de guerre.

Les vieillards de la tribu, ceux qui gardent la longue lévite et qui portent encore les boucles de cheveux ondulées tombant jusqu'au menton, occupaient une autre synagogue, toute petite, rayonnée de casiers en bois blanc et d'in-folio déchiquetés. Ils ne criaient ni ne chantaient; mais, penchés sur une table où s'étalait leur barbe grise, ces docteurs de la cabale feuilletaient des grimoires que les rats avaient rongés et semblaient y déchiffrer les destinées de leur peuple.

Toutes ces synagogues avaient l'air de baraquements dressés à la hâte ; et le soleil et le vaste silence faisaient autour d'elles l'immensité du désert.

Des huit mille habitants de Neamtsu, environ trois mille cinq cents sont israélites : assez faible proportion pour une ville moldave. Je ne sais encore s'ils sont persécutés, mais j'affirme qu'on ne les réduit pas à prier dans des catacombes.

Pendant que le vacarme continuait, nous allâmes visiter l'hôpital. C'est le seul monument de la ville, et elle le doit aux religieux d'un grand monastère du voisinage.

— Avez-vous du cœur au ventre ? me dit le médecin, un de ces médecins à la forte carrure qui ne marchandent pas aux malades le cordial de leur belle humeur. Voulez-vous m'accompagner dans ma visite? Vous y verrez en raccourci toutes les misères de nos campagnes.

Je le suivis. L'hôpital ne dispose que de cinquante lits. Sur cent malheureux qui s'y présentent, on en prend deux ou trois. Ces élus sont souvent des désespérés. Ils viennent y mourir de l'infection qui grandit dans leurs villages et que leur apporta l'invasion des armées étrangères. Mais ce qui me remplit d'horreur et de pitié, ce fut le spectacle d'une salle de pellagreux.

Cette terrible maladie des campagnes roumaines et surtout moldaves frappe indifféremment l'homme, le vieillard ou l'adolescent. Elle se tient embusquée sous le toit pourri des chaumières ; elle égrène de ses doigts empoisonnés le maïs des années mauvaises ; elle guette le paysan à la sortie des auberges. Avant de le terrasser, elle se fait souvent sa compagne et marche des années et des années dans son ombre. Elle n'est pas pressée ; elle est même paresseuse. Son premier contact laisse de petites gerçures, et d'avoir mordillé la peau lui suffit. L'automne vient : elle se repose. L'hiver, elle dort. Toute la famille est là, tassée autour du poêle en terre. La pellagre dort sur le lit des parents ou des enfants, et ne gêne personne. Cependant le jeune homme est pris, sans cause apparente, d'un vertige de lassitude qui lui décolore la vie. La mère regarde ses petits et, le cœur vide, se sent très loin d'eux. Le vieux qui remâchait ses souvenirs s'aperçoit qu'ils ont perdu leur saveur. Les yeux ne se tournent plus vers l'horizon pour y épier les indices du printemps : ils s'attachent obstinément au sol noir de la chaumière, comme si tout l'avenir y germait. Cela ne dure pas. On secoue ce malaise. On se dit : « C'est la faute de la bise que nous envoie la Russie. » La Russie est innocente : le souffle de la pellagre endormie s'est un instant mêlé à leurs haleines. Et, quand le printemps sourit, elle se réveille. Elle s'étire aux premiers bourgeons. Le paysan la trouve derrière ses bœufs, et ses sandales lui pèsent comme des souliers de plomb. De jour en jour plus morne et plus hébété, il porte en lui une effrayante solitude où se lève le fantôme du suicide. Ses regards sont immobiles et ternes. Ses lèvres ne se desserrent qu'à la rencontre du verre d'eau-de-vie. Et l'ivresse ne le détache pas de son silence. Le maïs dont il fait presque sa seule nourriture, — le malheureux se réserve d'ordinaire son plus mauvais maïs et vend le meilleur, — l'abus de l'alcool, l'observance de tous les jeûnes, l'ignorance de l'hygiène, l'acheminent à cette salle d'hôpital où j'ai vu des femmes, des hommes, un enfant, la prunelle fixe, les lèvres soudées, plus rigides que des morts, le drap relevé jusqu'au menton et comme hallucinés par sa blancheur de suaire. J'ai visité des maisons de fous, et je n'ai pas souvenance d'avoir surpris si visiblement dans les yeux de l'homme l'idée de sa propre destruction.

— Tenez, me dit le médecin en continuant sa promenade, vous pourrez dire que nous soignons les Juifs et gratis. Il n'est pas inutile de l'observer, puisqu'on nous traite de persécuteurs. Voici une vieille Juive qui a le corps perclus de rhumatismes.

Je lui demandai si la population israélite souffrait aussi de la pellagre.

— Non, me répondit-il, l'Israélite a bien plus d'hygiène que le paysan roumain, et une alimentation beaucoup plus saine. Il mange de la viande et ne boit pas. Qu'un de ses enfants tombe malade, le Juif court chercher le médecin, et dépense, s'il le faut, jusqu'à ses dernières économies. C'est une des raisons qui vous expliquent que l'accroissement des Juifs en Moldavie, depuis 1850, est d'environ cent pour cent, tandis que celui des Moldaves ne dépasse pas soixante[1]. Et nos

1. Je relève dans l'ouvrage de Verax, cité plus haut, les constatations suivantes qui confirment ce que me disait le docteur de Neamtsu : « Pendant les vingt-trois dernières années, dans les communes urbaines de la Moldavie, l'excédent des morts des chrétiens sur les naissances a été de 29.786 ; pendant cette même période, l'excédent de naissances des Juifs, dont le nombre n'était que la moitié de celui des chrétiens, a été de 38.250... La population chrétienne (et ouvrière) des villes moldaves s'éteint pendant qu'elles voient leur population juive croître de jour en jour... Logés dans des masures infectes ou dans des trous creusés en terre, les enfants roumains périssent en masse à la moindre maladie ; ils sont insuffisamment vêtus, ils doivent se contenter d'une nourriture malsaine, et leurs organismes affaiblis n'offrent qu'une faible résistance au mal... La pauvreté dont se plaignent les Juifs est l'aisance à côté de celle dont souffrent les Roumains des faubourgs. »

paysans n'ont pourtant à payer ni le docteur, ni les remèdes ! Il est vrai que nous ne sommes pas assez nombreux, mais ils ne songent guère à s'en plaindre. Ils font si bon ménage avec la maladie qu'ils ont toujours peur de la contrarier. Pour obtenir d'une paysanne qu'elle appelle le médecin ou vienne sonner à sa porte, il faut la croix, la bannière et monsieur le Sous-Préfet ci-présent.

C'était l'heure de la consultation. Son antichambre se remplissait de détresse et d'angoisse.

— Ah ! me dit-il, ceux-là n'en peuvent plus. Et je vais être obligé de les repousser ! Je n'ai qu'un lit de disponible. Quelle misère !

Il me serra la main, et, d'un air de tristesse qu'il n'avait pas au chevet de ses malades, il entra dans son cabinet.

CHAPITRE V

UN BACHELIER DE MOLDAVIE

Je quittai à regret le sous-préfet de Neamtsu et sa charmante femme, directrice de l'École, qui m'avaient si gracieusement accueilli dans leur petite maison tapissée de fleurs ; et, recommandé à leur collègue de Piatra, je partis en voiture pour le chef-lieu du district.

Le hasard me donna comme compagnon de route le fils d'un pope, un gros étudiant campagnard dont la conversation me divertit extrêmement. Avec cette douce familiarité qui est un des attraits de la vie roumaine, il me mit la main sur le bras et me dit :

— Connaissez-vous M. Jaurès? En voilà un homme que j'aime ! Et M. Guesde ? Et M. Combes? Oh ! M. Combes ! Je l'aime encore plus. Quels hommes ! Êtes-vous heureux en France de les avoir !

— Vous n'en avez pas idée, lui dis-je. Mais il me semble que vous êtes socialiste.

Il m'expliqua que, s'il ne l'était pas encore, il avait bonne espérance de le devenir.

Là-dessus, nous rencontrâmes une division d'artillerie qui s'en allait aux manœuvres, et notre voiture dut se ranger sur le bord du fossé. Des officiers défilaient au pas dans un nuage de poussière, et je les entendais qui causaient en français.

— Bon! s'écria mon étudiant, ces gens-là ne se dépêcheront pas! Ça leur est bien égal que nous avalions leur poussière. Et regardez les pauvres hères perchés sur leurs caissons! Est-ce une vie de traîner ainsi du bronze sur les routes?

— Vous ne me paraissez pas, lui dis-je, apprécier les institutions militaires.

— Moi, fit-il énergiquement, je suis antimilitariste : c'est pourquoi j'aime tant le socialisme.

L'infâme poussière des officiers et du train des équipages nous ayant desséché la gorge, je lui proposai de descendre à une auberge qui se dressait, solitaire, à mi-chemin de Piatra. Elle était relativement propre. L'aubergiste, un Juif, nous ouvrit sa chambre, une petite pièce décorée de tapisseries comme les pièces roumaines, et nous servit cet alcool de maïs qu'on nomme la *souika*, et dont s'enivrent les paysans. Je n'y eus pas goûté que j'eus la bouche emportée d'une âcre brûlure.

— Ce n'est pas de l'eau-de-vie, m'écriai-je, c'est du poison!

Mon étudiant, qui avait lampé son verre, faisait la grimace.

— Elle est un peu rude, dit-il ; mais les paysans la préfèrent ainsi. Notre cocher en est à son troisième verre et s'en lèche les moustaches.

Il me souvint d'avoir lu dans un rapport de M. Ernest Desjardins, paru en 1867 sur les Juifs de Moldavie, que l'eau-de-vie vendue aux paysans moldaves était frelatée de vitriol. Et ma petite expérience me persuadait que, depuis quarante ans, la fabrication n'en avait pas changé.

La porte de l'auberge s'entre-bâilla et une paysanne se glissa vers le comptoir où elle posa un panier. Le cabaretier, qui s'était approché sans mot dire, l'ouvrit et y prit délicatement une douzaine d'œufs et une bouteille vide. Je le vis soupeser les œufs, les flairer, les observer à la lumière, puis les placer un à un dans une caisse où d'autres œufs étaient déjà rangés. La femme, silencieuse, suivait ses gestes. Il revint au comptoir, versa dans la bouteille quatre mesures d'eau-de-vie, s'aperçut qu'il s'était trompé, en retira la valeur d'un petit verre, et la rendit enfin à la femme qui balbutia un remerciement et s'esquiva. Son mari devait être absent : elle en profitait pour liquider ses œufs. La pensée de l'ignoble mélange qu'elle emportait dans son panier me soulevait le cœur.

— A qui la faute? me dit mon étudiant. Croyez-vous que les cabaretiers roumains se privent d'en débiter? On accuse toujours les Juifs de la misère des paysans : ce n'est pas juste. Ils leur vendent de mauvaises drogues, mais ils n'ont pas les moyens de leur en vendre de bonnes. Je ne vois pas pourquoi je ne les aimerais pas. Ils ont deux jambes, deux bras, un cœur et une tête comme nous. Ne faut-il pas qu'ils vivent? Vivent les Juifs et vivent les socialistes!

— Qui donc, lui dis-je en riant, déplorait hier que la jeunesse de votre pays fût désenchantée? Vous avez de généreux enthousiasmes.

— J'en ai d'autres encore, fit-il avec un coup d'œil malin.

Je ne jugeai pas à propos de le pousser sur ses plus secrètes ferveurs; mais, quand il sut que le matin même j'avais quitté le monastère d'Agapia, où il avait, lui aussi, séjourné, il me confessa qu'en aucun lieu du monde la vie ne lui avait paru plus belle ni les âmes plus clémentes. Et nous atteignîmes les maisons de Piatra à son cri de : — Vivent les nonnes!

CHAPITRE VI

DANS UNE CONFISERIE DE PIATRA

C'est à Piatra, dans cette jolie ville peinte au creux des montagnes[1], que j'eus la plus forte impression peut-être de l'étrange état social des cités moldaves. Le même spectacle m'y apparaissait que dans les villes cynghalaises, cochinchinoises ou de l'archipel des Philippines : d'un côté, une population indigène qui conserve ses usages, ses rites, son esprit, ses dieux ; de l'autre, une société de conquérants et de colons, qui se contente de gouverner et d'exploiter le travail des indigènes. Mais ici, quelle différence ! Ce sont les indigènes qui gouvernent et les colons qui forment le gros de la population. Il semblerait que cette terre appartînt aux Juifs et fût conquise par les Roumains. Elle appartient aux Roumains

1. Piatra, chef-lieu du district de Neamţul, n'avait, en 1831, que 2.187 Roumains et 665 Juifs. En 1899, on y comptait 8.918 Roumains et 8.473 Juifs. Dans la commune urbaine, le nombre des propriétaires roumains est de 1.490 ; celui des propriétaires juifs, de 1.386.

et elle est accaparée par les Juifs. Les conquérants qui d'ordinaire imposent leurs lois aux premiers habitants du sol subissent ici les lois de ces premiers habitants. Ils sont le nombre, ils sont la force, ils possèdent presque tout, sauf le droit de tout posséder. Les parias ont une patrie : ils n'en ont pas. Les étrangers se réclament d'un ministre ou d'un consul : ils ont ni consul ni ministre. Aucun drapeau ne les couvre. Ils vivent en marge des nations. Et cependant on les devine très assurés de leur puissance et très délibérés dans leur allure. Il se pourrait que ce fussent les citoyens de l'Europe.

La ville de Piatra reçoit une éternelle gaîté de son impétueuse et charmante Bistritza qui descend des montagnes en galopant sur les pierres. Toute la saison, des radeaux de bois en descendent avec elle. Ils courent sur l'écume des vagues, rasent les écueils, et, sous la main de leurs flotteurs, se jouent des rocs et des rapides. Ce sont les jeux du cœur de l'été. Piatra entend leurs rires. Là-haut, dans ces montagnes bleues, la race est plus saine, l'homme plus énergique ; les femmes savent encore se parer des beaux costumes d'autrefois. Et, comme les villes ont souvent l'âme de leur rivière, Piatra aime les secousses du plaisir et les rêves légers qu'emporte la vie.

Mais, le samedi soir, Piatra est morose, ou,

pour mieux dire, Piatra a la physionomie de ces masques dont tout un côté sourit et dont l'autre se renfrogne. Ce n'est pas que les magasins soient fermés, puisqu'on a fait ses provisions la veille et que d'ailleurs, à la tombée de la nuit, le sabbat terminé, quelques boutiques allument, et qu'enfin les cafés et les confiseries restent ouverts. Ce n'est pas non plus que les musiques se taisent, car, dans le délicieux petit jardin public, que la Bistritza éclaire à l'électricité, l'orchestre des tsiganes mène un glorieux tapage. Mais le Piatra roumain s'estime engagé d'honneur à quitter le trottoir au Piatra israélite et à lui abandonner le concert. Et le Piatra israélite n'a pas l'air de sentir le moins du monde l'excès de délicatesse du Piatra roumain.

Point de souquenilles ni de sordides lévites; rien de « ces sacs de cuir noir roulés dans l'huile et le cambouis », comme un voyageur définissait autrefois les Juifs moldaves : une société pimpante, des toilettes claires, les hommes très corrects, les femmes très coquettes, une multitude de jeunes filles qui réalisent l'expression roumaine « que leur corps a été passé par un anneau » et dont les yeux en amande justifient la présence de quelques officiers égarés en ce monde sémite. C'est pour lui que les tables sont dressées devant le kiosque illuminé; pour lui que les tsiganes tirent de leurs violons des sons qu'ils semblent arracher de leur âme.

Je suis abordé dans une allée sombre par deux promeneurs qui rôdent autour de la fête d'un air aussi lamentable que deux pêcheurs à la ligne autour de leur place indûment occupée. Ils me connaissent de ouï-dire et sont heureux d'avoir un étranger témoin de leur infortune :

— Vous le voyez, gémit l'un ; ils nous ont pris nos chaises, nos tables... Nous ne pouvons même pas boire un bock le samedi soir, en écoutant la musique ! Tout est à eux, tout.

— Ce n'est encore rien, dit l'autre ; mais ils m'ont pris mon nom !

— Ils vous ont pris votre nom ?

— Eh ! n'ont-ils pas l'habitude de changer leur nom allemand en nom roumain ? Je m'appelle Cheresco : un certain Grumfeld a jugé bon de s'appeler Cheresco, lui aussi. Je le poursuis. Il fait observer au tribunal qu'il écrit Chedesco. Le tribunal lui donne raison et le coquin s'empresse de reprendre mon *r* sur ses cartes. Et tous les ans la Roumanie s'enrichit d'un nouveau petit Cheresco. Entendez-vous ce morveux qui piaille ? Ça doit en être un !

On proposa de se réfugier à la confiserie, et, là, d'autres victimes du sabbat rejoignirent notre groupe. Un propriétaire des environs disait :

— Les Juifs sont paresseux : l'an dernier, pendant qu'on battait le blé dans ma ferme, des émigrants juifs qui mouraient de faim arrivèrent. Je les embauchai, et, quand ils eurent mangé, je les mis à la besogne. Deux heures après, ils se plaignirent que l'ouvrage était trop dur et me tirèrent leur révérence.

— Oui, fit un médecin, je les crois incapables d'un long effort physique. Et leur faiblesse musculaire les rend plus dangereux encore dans un pays agricole qui manque d'agriculteurs. Au lieu de labourer la terre, ils vivent sur ceux qui la labourent.

— Mais aussi, reprit le propriétaire, nos paysans sont des enfants imbéciles. Il leur faut des tuteurs qui les forcent d'assoler, de planter, d'enfoncer la charrue dans un sol qu'ils se contentent d'égratigner...

— Et surtout, interrompit le médecin, de semer un autre maïs que ce maïs de rebut qui leur altère le sang.

— L'Administration s'en désintéresse! dit un jeune homme.

— Je vous demande pardon, répondit un fonctionnaire de la préfecture. L'Administration plante des arbres le long des routes; mais les paysans les coupent pour s'en faire des bâtons.

— Ils ont bien besoin de bâtons! s'écria le jeune

homme. Comprenez-vous qu'ils rossent quelquefois le notaire, le percepteur, qu'ils rossent leurs femmes, qu'ils se rossent eux-mêmes et qu'ils ne rossent jamais le Juif!

— Je ne sais pas, dit un vieux petit monsieur adonné aux sciences occultes, je ne sais pas si l'on ne pourrait expliquer l'indifférence de nos paysans à l'égard de ceux qui les volent par une espèce de possession magique. Ce sont des gens envoûtés. Le Juif leur jette des sorts et particulièrement à leurs femmes.

— Bah! s'écria le médecin, c'est l'eau-de-vie la grande sorcière!

— Messieurs, dit un ingénieur, permettez-moi de vous conter une histoire. L'année dernière, je gagnais Vaslui, et j'en étais encore à deux bonnes lieues, lorsque, à la porte d'un village, mon cheval s'abattit et mon essieu se cassa. La bête était fourbue; la voiture exigeait une longue réparation, et je devais à tout prix arriver avant la nuit noire. J'avisai une assez belle ferme et je demandai au paysan de me conduire à la ville. Il prétexta que son cheval avait mal au pied, et toutes mes insistances, voire l'appât d'une pièce de cinq francs, ne purent vaincre son refus. Le crépuscule tombait. Que devenir dans ce village avec mon cheval hors de service et mon essieu rompu? J'entrai chez le Juif. Son auberge était la seule maison ouverte, la seule où je fusse assuré d'un bon accueil. Je n'y étais pas assis que, s'avançant et me saluant jusqu'à terre, le gaillard me dit : « Votre Seigneurie est bien ennuyée. Votre Seigneurie voudrait arriver à la ville avant la nuit noire. Votre Seigneurie est ingénieur, et ses chefs attendent Votre Seigneurie. » Je ne m'étonnai point qu'il sût aussi bien que moi qui j'étais, où j'allais et pourquoi j'y allais. Autant vaudrait s'étonner que le Pruth se jetât dans le Danube! Tant qu'il y aura un voyageur et un Juif sous le ciel, le Juif connaîtra le nom, l'âge, les fonctions, la provenance, l'itinéraire et le but du voyageur. C'est une loi de la nature encore mal expliquée, mais admirablement observée. Je lui répondis donc : « En effet, Ma Seigneurie est désolée. Comme tu l'as dit, mes chefs m'attendent, et je ne trouve ni cheval ni voiture. » Il sourit doucement. « S'il plaît à Votre Seigneurie que j'en fasse mon affaire, dans une heure d'ici Votre Seigneurie sera à la ville. — Soit, combien? — Ce sera quatre francs pour Votre Seigneurie. » Il s'éclipsa, et, dix minutes après, je n'en croyais pas mes oreilles, quand un bruit de voiture s'arrêta devant l'auberge. En dix minutes, il avait décidé un paysan, et le paysan avait attelé! C'était prodigieux, et je ne fus pas éloigné de penser que mon Juif était sorcier, qu'il avait prévu mon accident et tenu prête une carriole. Mais ma surprise se changea en stupeur, lorsque je reconnus dans l'homme qui conduisait la voiture le même paysan qui m'avait si obstinément refusé, et dont le cheval prétendu boiteux se mit à trotter allègrement.

— Voilà une preuve de fascination, interrompit le petit monsieur en hochant la tête.

— Ne vous hâtez pas de conclure, poursuivit l'ingénieur. Quand nous fûmes hors du village, je demandai au paysan qui se taisait : « Combien le Juif te donne-t-il pour me mener à Vaslui? — Trois francs, répondit-il. — Tu es donc fou! m'écriai-je. Je t'en offrais cinq. Voyons, explique-toi. » Et il s'expliqua très simplement : « Je ne vous dois rien, à vous, me dit-il. Pourquoi me serais-je dérangé, puisque j'avais de la besogne au logis? Mais je connais le Juif; je le connais depuis dix ans. Je ne pourrais pas vivre, s'il n'était là. Quand ma récolte est mauvaise, il me prête de l'argent. Quand un de mes enfants meurt, c'est lui qui m'aide à payer les frais d'enterrement. Il comprend la vie. Il nous procure tout ce dont nous avons besoin. Ce n'est pas un méchant homme. Et l'on est bien obligé de faire quelque chose pour lui. » Je n'avais rien à objecter; je gardai le silence.

— Comment! s'écria le jeune homme. Je lui aurais dit, moi, que cet usurier juif abusait de sa candeur et le pillait effrontément.

— A quoi bon ? reprit l'ingénieur. Êtes-vous sûr qu'un autre aubergiste montrerait plus de scrupules et autant d'obligeance ?

— Il serait Roumain comme nous, répliqua le propriétaire.

— Je conviens que cela vaudrait infiniment mieux, dit l'ingénieur. Mais de quel droit reprocherais-je au paysan de s'abandonner au Juif, quand je lui donne l'exemple de la même confiance ou du même aveuglement ? Les huit mille Juifs de Piatra, que font-ils, sinon de nous servir et, quelquefois aussi, de nous aider à payer nos frais d'enterrement ? Pouvez-vous affirmer que ce que vous buvez en ce moment n'ait pas été brassé par un Juif ? Que le verre où vous buvez n'ait pas été fabriqué par un Juif ? Que le costume que vous portez n'ait pas été coupé par un Juif, et que cette pièce d'argent, dont vous me permettrez de régler nos consommations, ne soit pas sortie d'une banque juive ?

— Alors, s'écria le jeune homme, nous devons nous déclarer vaincus et nous laisser anéantir.

— Prenez modèle sur moi, dit le propriétaire : je n'achète jamais rien chez un Juif.

— Dieu sait ce qu'il vous en coûte ! répliqua le médecin. Votre femme et vous, vous êtes toujours par monts et par vaux.

— Jeune homme, reprit l'ingénieur dont la

barbe grisonnait, si j'avais votre âge, je ne me ferais ni ingénieur, ni avocat, ni conseiller de préfecture, ni chef de bureau, ni journaliste : j'achèterais une épicerie et je ne désespérerais pas de l'avenir.

— Vous êtes tous ensorcelés, prononça le vieux petit monsieur.

En rentrant, nous vîmes sur notre chemin une grande maison éclairée *a giorno* et, par les fenêtres ouvertes, des couples tourner aux sons de la musique.

— Les voilà qui dansent! s'écria M. Cheresco. Et dire que mon nom doit figurer dans ces quadrilles-là ! Misère ! Misère !

CHAPITRE VII

BOUHOUSI

Si vous ouvrez un guide Joanne, vous y lirez : « Bouhousi, gros bourg sans intérêt. » Je ne partage pas l'opinion du guide Joanne. Il est vrai que Bouhousi ne possède point comme Piatra une vieille église bâtie par Étienne le Grand, qu'on y chercherait vainement un casino, et qu'on n'y découvrirait même pas un hôtel. Mais Bouhousi est la résidence du plus grand rabbin de la Roumanie, d'un des plus grands rabbins du monde, d'un rabbin aussi mystérieux que le Grand Lama du Thibet. Son nom ne figure pas aux registres du Gouvernement. Des légendes courent sur lui. On dit que sa maison est l'Arche Sainte et que le peuple choisi danse autour de ses murs. On prétend qu'il ne sort que dans un magnifique carrosse et que la foule se bouscule sous les pieds de ses chevaux pour attraper un de ses regards. On affirme que, lorsqu'il paraît à Iassi, la multitude se précipite à la gare et se dispute la gloire de toucher et de baiser le bas de son manteau. On a même vu, — car je ne sais jusqu'où va l'imagination populaire, — un de ses fidèles acheter un franc la pièce de deux sous, souvenir sacré, que le grand prêtre venait de donner à un commissionnaire. Et l'on ajoute que ce commissionnaire en eut pendant quelque temps l'esprit dérangé.

Si je n'accueille ces bruits qu'avec la plus extrême réserve, l'existence du fabuleux pontife ne laisse pas de piquer ma curiosité. Bouhousi est à une heure environ de Piatra et, le dimanche matin, j'y arrivai en compagnie de mon hôte le sous-préfet de Piatra.

En face de la gare, s'élève une fabrique de draps roumains, « la Première », comme le disent de grosses lettres noires peintes à son fronton. On m'avertit que cette fabrique, fondée par un Roumain, avait été rachetée par une compagnie anonyme de Juifs et d'Allemands.

La gare était bondée de vieux Juifs en papillotes, une calotte noire sous le chapeau, les poches de la lévite gonflées et étranglées d'une ceinture de soie noire. La pluie de la nuit avait crotté leurs bas blancs et leurs souliers éculés. Ils portaient des parapluies qui ressemblaient à des tromblons. Dans l'allée de chênes qui monte au bourg nous en croisâmes beaucoup d'autres. La foire du dimanche ne justifiait point une telle affluence. Mais nous apprîmes à la mairie que, la veille au soir, le rabbin avait célébré l'anniversaire de la mort de son père et que les Juifs y étaient venus jusque de la Galicie.

J'envoyai solliciter du rabbin la faveur d'une audience; et pendant que nous attendions sa réponse, je m'entretins avec le maire qui administre à Bouhousi dix-sept cent cinquante-sept Roumains, dix-sept cent trente et un Juifs, et cent vingt-trois Autrichiens ou Allemands, ces derniers employés et ouvriers à la fabrique, tous catholiques. Ajoutez trois Arméniens, et vous aurez la population de ce bourg aussi hétérogène que pacifique. Le grand rabbin, Israël Friedmann, nous manda qu'il était prêt à nous recevoir, mais, dans le cas où la langue allemande ne nous serait pas familière, il nous priait de nous faire accompagner d'un interprète, car il ignorait le français, et, s'il comprenait le roumain, il ne le parlait pas.

Hier à Piatra, sur une hauteur qui dominait la ville, on me disait : « Là où vous ne voyez pas d'arbres, ce sont les quartiers juifs. » Cette différence est encore plus marquée dans les bourgs. Le Juif ne cultive autour de sa maison ni fleurs ni plantes. L'arbuste y dépérit, l'herbe s'y fane. Son esprit abstrait, que l'éducation talmudique enfonce dans la sécheresse, semble préférer aux jardins ombragés les cours aussi nues que des tables d'abaque. Leur absence de verdure donne aux bourgs juifs un aspect misérable que n'a pas le plus pauvre hameau roumain. Et Bouhousi n'est qu'un assemblage d'échoppes, dont la crasse efface le peinturage, et de boutiques larges et basses, pareilles à des déballages de pacotille sous des arcades délabrées. Nous traversons une ruelle d'auvents enguirlandés d'oignons et des rangées de tables saignantes où les bouchers juifs ont un air de sacrificateurs; et voici tout à coup une maison seigneuriale, badigeonnée de rose, avec ses deux ailes, sa cour et son enclos de murailles.

Sur le perron de l'aile droite, c'était un grouillement de cafetans noirs, de papillotes, de barbes grises et de barbes blondes, de grosses bottes, de dos courbés et d'yeux inquiets. Devant l'aile gauche, se promenaient à l'écart deux jeunes dames de forte prestance, en robe bleue traînante, les poignets cerclés d'or, de l'or aux oreilles, de l'or au cou, une mantille sur les cheveux : les filles du rabbin. La porte du milieu nous fut ouverte; nous aperçûmes une enfilade de salons, et l'on nous introduisit dans un riche cabinet de travail. Le grand-prêtre s'avança vers nous.

Il était gros, le cou large, le visage d'une majesté replète. Sa main molle, sa soutane en soie, ses papillotes ramenées derrière ses oreilles, son collier de barbe lisse, ses yeux humides et bleus, ses lèvres charnues d'où glissait un sourire qui ne les plissait pas, toute sa personne était comme baignée d'une onction luisante et douce. Je m'excusai de l'importuner, mais il comprendrait sans doute qu'un étranger ne pouvait passer à Bouhousi sans désirer voir un homme dont la réputation était si étendue. Il me répondit :

— En effet, je suis un descendant du Roi David.

Il nous pria d'accepter un verre de vin qu'il nous versa lui-même d'une aiguière d'argent, et, prenant dans un plateau trois gâteaux secs, il les plaça devant chacun de nous. Je m'étonnai qu'un rejeton de cette souche royale se fût enraciné dans un aussi médiocre bourg. Mais il me répondit qu'il y était né et ne voulait pas le quitter, que d'ailleurs, sauf peut-être un rabbin de Russie et deux qui vivaient en Autriche, nul n'exerçait une puissance comparable à la sienne. Et, pendant que l'interprète nous traduisait ces choses, il classait négligemment sur son bureau des bons de poste, de façon à les mettre en évidence. Bons de dix francs, de cinq francs, de trois francs venus de Russie, d'Allemagne, de partout. Un domestique lui apporta son courrier.

— Vous voyez, me dit-il, quelle correspondance !

Et il me fit passer sous les yeux des lettres de France, d'Angleterre, d'Autriche, d'Amérique, la plupart d'entre elles portant leur timbre en guise de cachet. Ses regards coulaient sur mon compagnon avec une douceur attentive, et je sentais dans cette petite comédie encore plus de politique que de vanité. Il n'était pas fâché d'étaler, d'exagérer même son empire devant un fonctionnaire du Gouvernement roumain. Puis il me parla de son père, disparu depuis sept ans, et qui, adoré de son vivant, continuait de l'être dans la mort.

— Mon père a beaucoup écrit; moi, je n'écris pas, mais mon fils écrira un jour.

J'admirai le souci de laisser reposer, pendant une génération, le génie producteur de la famille. Et il rit, d'un rire un peu sourd. Enfin il aborda la question israélite, et s'espaça longuement sur la misère des Juifs galiciens qui l'avait douloureusement ému dans son dernier voyage, alors que les Juifs autrichiens étaient les plus fortunés des hommes. Quant aux Juifs roumains, ils auraient peut-être mauvaise grâce de trop se plaindre ; mais ils émigraient...

— Oh ! interrompit mon compagnon, ils n'émigrent guère!

— Ils émigrent et surtout ils veulent émigrer, reprit le rabbin. S'ils ne sont pas persécutés, ils craignent la persécution. Que faire? Je tâche de les en dissuader; je n'y épargne ni ma peine ni mon argent...

Et tout cela était supérieurement joué. Sans aucun doute il s'amusait de cette étrange situation des Roumains, qui sont partagés entre la peur de voir leurs Juifs se multiplier et l'appréhension de les voir partir. Il leur souvient encore que, l'an passé, ils furent obligés de rapatrier à leurs frais des émigrants, qui, arrivés en Autriche, n'avaient plus le moyen de poursuivre leur route. Et chaque fois que deux cents Juifs leur montrent les talons, deux millions de voix les traitent d'Amalécites.

Quand nous prîmes congé du descendant de David, il nous invita à visiter sa synagogue, toute l'aile droite de sa maison. Elle était très simple ; mais dans son oratoire, qui y attenait, une petite arche d'alliance, voilée d'argent, reposait sur un autel de chêne devant un prie-Dieu ; et, au-dessus, un tableau représentait Jérusalem : des remparts tomate dans un bouquet d'épinards.

La maison de ce rabbin fait de Bouhousi une sorte d'archevêché juif, où la communauté des fidèles a gardé toute sa force et sa merveilleuse organisation. Son premier caractère est la discipline, l'obéissance absolue aux ordres de ses chefs, une obéissance comme on n'en trouve que dans les sociétés théocratiques. Du plus pauvre au plus riche, tous les fronts s'inclinent sous un pouvoir armé de l'anathème. La communauté tient dans ses mains la fortune de chacun de ses membres. Que le *herem* ou malédiction soit lancé, elle peut l'anéantir. Le Juif excommunié serait un homme chassé de son îlot sur une épave. Personne ne bronche : les impôts sont perçus avec une inflexible rigueur, et les secours aux malheureux si exactement distribués que le maire de Bouhousi m'en exprimait son admiration.

Disciplinés et religieux, et disciplinés parce qu'ils sont religieux, les Juifs s'opiniâtrent ici dans la plus rigide observance du Talmud. L'instituteur qui dirige leur école de garçons, un jeune Israélite de Iassi, très intelligent et très ouvert, me confiait sa surprise quand, à Bouhousi, il avait vu ses vieux coreligionnaires lire leur livre sacré à la clarté de la nouvelle lune et danser et prier ainsi qu'au temps où Titus s'acheminait vers Jérusalem. Bien que la majorité soit née dans le pays, ils parlent moins le roumain qu'un jargon judéo-germanique. Dans leurs écoles de garçons et dans leurs écoles de filles, — que subventionne l'Alliance Israélite de Paris, — on étudie l'allemand, le roumain, l'hébreu : l'hébreu, deux heures par jour. Le soir, les enfants, dont l'éducation est sévère, continuent leurs leçons hébraïques pendant trois heures avec leurs parents et les reprennent avant d'aller en classe.

Un attachement aussi étroit à ses traditions ne prouve pas qu'on vive uniquement dans le passé.

Le Juif porte en lui un immense espoir. Prenez garde que cet homme d'une obséquiosité si déplaisante et qui vous paraît halluciné par une pièce d'argent est un plus grand idéaliste que vous. Notre patrie à nous, c'est notre maison, notre village, notre province, tout le pays de douleur et de joie que depuis des siècles nos joies et nos douleurs ont ensemencé. Notre patrie a des villes, des champs, des bois, des fleuves, de petites herbes odorantes. Nous sommes de pauvres êtres qui tenons à la forme de nos collines. Nulle part l'alouette ne chante comme chez moi! Et si, exilés sur une terre lointaine, nous nous y recréons une patrie, c'est encore sur la figure des choses que se modèle notre amour. Mais le Juif n'a pas même besoin d'une motte de glèbe pour s'imaginer sa patrie. Il la conçoit en esprit pur. Il la bâtit avec le temps et l'espace. D'autres peuples ont été dispersés sur la face du monde : lui seul n'a pas été dissous. Son nationalisme, farouche et intangible, l'a sauvé de la dissolution. Il doit de vivre encore à cette patrie idéale dont sa tête est la citadelle.

Quoi! m'objectera-t-on, vous n'avez donc pas regardé les Juifs moldaves? Comment concilier tant de grandeur et tant de bassesse? Sans compter qu'une longue insécurité dégrade forcément la personne humaine, je pourrais répondre que l'Oriental n'a pas de la dignité la même idée que nous. Pour lui, la mendicité n'est pas une déchéance. Mais, Roumains et voyageurs, ils croient peindre les Juifs en deux mots : serviles et cupides. Or, sous sa servilité apparente et entachée d'une inconsciente ignominie, le Juif me paraît un des êtres les plus orgueilleux et les plus libres du monde. Je parcours Bouhousi, et je n'y vois qu'échoppes de tailleurs, de cordonniers, de merciers, d'épiciers, de fruitiers. Ici comme partout, la multiplicité des petits commerces me confond. Chacun, dans cette communauté, veut être son maître. Les gens peuvent s'y entr'aider, mais, en dehors des obligations hiérarchiques, ils y conservent jalousement leur indépendance.

J'entre dans une des plus misérables boutiques. Un plat de farine, trois savons, six œufs, des gousses d'ail et deux poulets qui se débattent dans un coin : voilà tout le fonds de commerce. La femme, une grande femme au profil dédaigneux et fin, et qui est enceinte de son quatrième enfant, assise sur un tas de hardes, ravaude des bas. L'homme est au champ de foire. L'arrière-boutique sert de chambre : une malle, des lits défaits et, au milieu, une grosse paire de bottes crottées, fatiguées, affaissées sur elles-mêmes, avachies. Elles m'en disaient long, ces bottes ! Elles étaient sorties de bonne heure, avant le jour ; elles avaient couru dans la boue des chemins de traverse, loin, bien loin; elles avaient guetté le paysan et la paysanne qui s'en venaient au marché avec leur panier d'œufs, leurs légumes et leurs volailles. Et elles s'étaient faites très humbles, de pauvres petites bottes aimables, officieuses, pleines d'attention pour les sandales campagnardes et désireuses de leur épargner les mares et les fondrières qui les séparaient du bourg. L'eau tombait à verse. Le paysan s'était laissé convaincre et débarrasser pour un prix modique. Et les bottes avaient repris leurs grandes enjambées afin d'arriver au marché de Bouhousi les premières de toutes les bottes qui couraient dans le crépuscule du matin. Accuserez-vous de paresse leur propriétaire ? Cependant vous lui donneriez des gerbes à lier que, deux heures après, il tirerait ses grègues. C'est que le Juif préfère la soif et la faim au labeur machinal sans initiative et sans cet aléa qui en décuple l'intérêt. Il est soutenu dans sa misère et au-dessus de sa misère par son insatiable ambition. Incapable de se plier à la condition du domestique, de l'ouvrier rural ou du manœuvre, il n'accepte pas d'être celui qui travaille sous les ordres de tous, mais celui qui collabore ou commande. Vous ne le trouverez presque jamais au dernier échelon des subordinations sociales. Il ne commence de vivre qu'à l'avant-dernier.

On dit qu'il aime l'argent. Cette avarice, il la partage avec bon nombre d'honnêtes chrétiens. De tous les épiciers de Bouhousi, un seul est Roumain : c'est contre lui que les paysans élèvent le plus de griefs et de doléances. Certes le Juif a pour le gain une âpreté formidable. Mais je ne connais que les associations ouvrières, abominablement exploitées par leurs agitateurs bourgeois, où l'on rencontre autant de générosité que dans les communautés juives. Chaque fois que la cause d'Israël réclame des subsides, il n'y a pas d'humble Juif, dans le plus humble bourg moldave, qui essaie de se dérober à la contribution de guerre. L'argent n'est à leurs yeux qu'un des moyens d'atteindre cette domination dont ils sont si étrangement passionnés. Toute la vie juive gravite autour du même objet qui est de conquérir, non pas le plus d'argent, mais le plus d'influence possible. Un rêve d'impérialisme couve sous des fronts qui nous semblent rampants. Nous ne saurions nous dissimuler que nous dépendons plus de notre cordonnier qu'il ne dépend de nous, et de notre tailleur, et de notre chapelier, et de notre boucher. Le Juif, en s'emparant de ces petits métiers, se rend maître de toute la personne du Roumain, des pieds à la tête, y compris l'estomac. Mais ce n'est qu'une première étape. Si, dans un pays et surtout un pays agricole, je parviens à me faufiler entre le producteur et le consommateur, et que, par mon ingéniosité et ma promptitude, je facilite leurs transactions, ma puissance grandit. J'aurai bientôt à ma merci ceux qui travaillent et ceux qui jouissent. Les risques seront peut-être pour moi : je ne les crains pas, et la séduisante idée de mon importance me console de vos affronts. L'homme, qui se réveille à trois heures du matin et qui fait des lieues sous la pluie pour acheter aux paysans des œufs et des poulets qu'il revendra au marché, assaisonne son mince profit d'un plaisir de conquête. L'aubergiste, qui prévoit et prévient tous les besoins de son village, y respire obscurément des fumets de royauté. Quand les autorités le menacent d'expulsion, les paysannes intercèdent en sa faveur : « Si vous nous l'enleviez, nous serions obligées d'aller nous-mêmes quérir à la ville une pelote de fil ou un mètre de cotonnade. Laissez-nous notre Juif. »

Je me suis promené sur le champ de foire de Bouhousi : il était morne. Le costume national diparaît plus vite là où le Juif colporte les étoffes allemandes. Les paysans, au doux visage et aux longs cheveux, les épaules opprimées par leur lourd manteau brun que l'averse avait encore alourdi, des femmes, les pieds nus dans la boue, attendaient aussi résignés que leurs bêtes. Au milieux d'eux, circulaient, le gourdin à la main, des Juifs de Bacau. De temps en temps une bête était détachée de son piquet et conduite au barrage. Le Juif l'emmenait, et le paysan, qui avait touché la somme, se dirigeait vers l'auberge où d'autres Juifs lui versaient à boire. On se sentait enveloppé d'une marée d'hommes irrésistibles qui obéissent à la même consigne, mais dont chacun aspire à se former une petite province au sein de l'empire universel. Ils sont patients, tenaces, sans délicatesse, mais non sans force morale, aussi étroitement unis dans les intérêts généraux que profondément ancrés dans leurs intérêts particuliers. Les vertus qui pâlissent autour d'eux gardent encore à leur foyer une verdeur primitive : la piété, le respect des traditions, le culte des ancêtres, l'amour de la famille qui a chez eux la puissance d'un instinct dynastique. Je les admire. Pour comprendre leur valeur, il suffit de les comparer aux déplorables Arméniens, l'espèce de maquignons d'affaires la plus honnie peut-être dans l'Orient de l'Europe. L'Arménien cultive, trafique, brocante, s'enrichit; sa fortune s'enfle à la surface de la terre, y crève et n'y fait, hélas! qu'une tache de sang. Le Juif est un des plus extraordinaires ferments de l'humanité. Là où il s'établit, le sol même entre en effervescence. Que sera la Moldavie dans cinquante ans, dans un siècle, dans deux siècles? Il faut jeter un taled sur la face de l'avenir! Le Roumain ne périt pas, dit le proverbe ;

le Juif non plus. Deux races d'hommes, après des souffrances et des persécutions sans nombre, se rencontrent sur les champs de foire moldaves. Pourquoi ce spectacle m'éprouve-t-il jusqu'à l'angoisse?

Mais qu'importent mes sentiments? Qui se soucie des chimères qu'un voyageur peut se forger en traversant un marché de bestiaux dans un bourg moldave? On aimerait mieux savoir si, oui ou non, le rabbin légendaire y roule carrosse. Je n'ai point vu de carrosse, mais, comme nous nous rendions à la gare, nous fûmes dépassés par une calèche où ses filles reconduisaient leurs hôtes.

Quant à son ascendant sur ses ouailles, je n'en citerai qu'un seul exemple qu'un aimable compagnon me racontait dans le train.

Il y a quelques années, le rabbin tomba gravement malade. On appela un médecin de Iassi, un jeune Roumain, très peu connu, sans clientèle; et celui qui me parlait ignorait la raison de ce choix. Notre docteur bénit l'aubaine, accourut, s'installa huit jours au chevet de l'illustre malade et le guérit. Le huitième jour, le rabbin lui exprima sa gratitude et lui glissa dans la main un billet de cent francs. Le premier mouvement du docteur, qui estimait ses soins à un plus haut prix, fut de lui jeter ce billet à la tête; son second mouvement fut de le garder, l'état de ses finances ne lui permettant pas des gestes aussi désintéressés. Mais, par bonheur, il en eut un troisième : il rendit au rabbin son billet de banque et l'assura qu'il ne voulait d'autre paiement que l'honneur de sa guérison, sa reconnaissance et sa protection. Le rabbin reprit son argent, retint encore une journée cet homme admirable, l'accabla de caresses et lui protesta son dévouement. Le médecin retourne à Iassi, assez désappointé et regrettant, si maigre que fût la proie, de l'avoir lâchée pour l'ombre. Un après-midi qu'il rentrait chez lui à l'heure de sa consultation, sans se presser, car il avait accoutumé de n'attendre personne, il trouva son escalier plein, son antichambre pleine : du haut en bas de sa maison, ce n'était que Juifs cacochymes, asthmatiques, toussant et claquant la fièvre. « O tout-puissant Rabbin ! » s'écria-t-il en lui-même. Il avait compris qu'un mot d'ordre avait passé dans les synagogues et que sa fortune était faite.

CHAPITRE VIII

DANS LES LABOURS

Huit heures de chemin de fer, quatre heures de voiture, et nous touchons au nord de la Moldavie. Nous sommes entrés dans le grand désert des labours, et nous vivons au milieu de ce désert, en pleine oasis. Faut-il choisir entre les trésors d'un roi d'Asie et trois mille hectares de glèbe bien noire et bien luisante? J'opte pour la terre. Toute destinée me paraît médiocre, qui n'enfonce pas dans la graisse des sillons.

Notre hôte, M. Vasesco, ancien élève de Fontainebleau, officier démissionnaire et député, s'est consacré à l'agriculture. Il nous a reçus, comme des amis au milieu de ses amis, dans sa belle vieille maison roumaine si spacieuse, où sa mère et ses filles donnent à l'hospitalité moldave une grâce inoubliable. Je suis émerveillé de son parc, de ses vergers, de ses jardins, de la solitude qui enclôt cette île de feuillage, — et plus encore du bien qu'il fait autour de lui. Quand le propriétaire roumain consent à résider sur ses terres, surtout quand il a l'intelligence et la libéralité de M. Vasesco, il ramène aux villages de ses paysans la verdure et l'amour de la vie. Pénétrez sous le chaume des maisonnettes de Cotusca, de ces maisonnettes dont les murs de torchis à la teinte bleuâtre sourient dans le fouillis des maïs : la ménagère y suspend aux poutres du plafond des bouquets de feuilles odorantes.

Ce pays dégage un charme puissant. Si loin que s'étendent les regards, et pendant des lieues et des lieues, ce ne sont que des mamelons et d'immenses ondulations sans arbre et sans ombre. La terre n'égare pas une parcelle de sa sève en beautés inutiles. Sa tâche est de pousser du blé, du maïs, de l'orge, toutes les céréales : elle accomplit sa tâche avec une sorte d'ivresse concentrée et de sombre joie. Elle ne se désaltère pas aux eaux des rivières et des lacs. Sa sobriété se contente des averses. « Aide-toi, le ciel t'aidera. » Elle est riche : deux mois de sécheresse n'ont pas encore pâli et desséché ses mottes noires, grasses et fumantes. Elle a le sauvage aspect des déserts qui produisent de l'or. Ses vallonnements et ses mornes impriment à son labeur je ne sais quoi de tourmenté. Elle ne gémit pas; elle ne bruit pas. De loin en loin elle ouvre vers le ciel l'œil vitreux et glauque d'un petit étang. Et parfois son silence tient du recueillement. Vous y entendriez germer le grain de blé. Les moutons à la queue-leu-leu, presque immobiles, broutent le long des pentes, la tête sous l'arrière-train de celui qui les précède, afin d'y trouver un peu d'ombre. Çà et là, des vols de corbeaux s'abattent, et les sillons frissonnent au passage des cailles. Un héron regarde sur l'eau d'une mare le reflet d'une émigration de cigognes. Et dans le lointain des chevaux galopent en liberté.

Mais souvent de grands bœufs cheminent, cinquante, soixante, quatre-vingts bœufs à robe blanche, qui s'en vont d'un domaine à l'autre, traînant les machines. Le matin, je les voyais partir. La splendeur du soleil voguait sur leur dos et leurs flancs immaculés. Leur caravane sacerdotale fendait lentement les champs hérissés de verdure et d'or. Ils avaient l'air d'une procession de flamines en route pour un sacrifice aux dieux de la terre. Et le soir, à l'heure où les couleurs se fondent en nuances et la magnificence des moissons en douceur, ils rentraient du même pas grave, toujours en harmonie avec les choses. Ils s'agenouillaient alors dans un pré, pareils à des bêtes de marbre, tandis que leurs petits bouviers, des enfants criards, barbouillés de terre et de poussière, aussi sales que des ramoneurs, mais qui, mieux que les hommes, savent conduire ces colosses, venaient rôder autour de la marmite où, sur un feu de paille, cuisait la *mamaliga* des moissonneurs. Un adolescent, armé de deux bâtons, y barattait la farine de maïs, et, lorsqu'elle formait une solide pâte jaune, les gens, pour se la partager, la coupaient au moyen d'une ficelle. Les machines achevaient de gronder : on mettait en sac les derniers grains des dernières gerbes ; et déjà l'herbe tendre du blé naissant recouvrait les pentes voisines. Les lueurs du jour s'attardaient dans la pâleur rousse des maïs encore debout. Quelle envergure avait la nuit en ces vastes étendues !

Si par hasard, du fond d'un village moldave, vous entendiez à la belle étoile des coups de fusil, ce pourrait être un chasseur de loups, car les loups n'infestent pas le pays seulement en hiver. Leurs femelles mettent bas dans les avoines, dans les maïs, et souvent aussi dans les ronces des terres dormantes. L'an dernier, une paysanne, qui était venue battre le blé, avait déposé son petit enfant derrière elle, sur la lisière d'un champ de maïs : une louve s'approcha et dévora la tête de l'enfant.

On vous racontera des histoires sinistres ; on vous en racontera aussi de plaisantes, comme celle de ce chasseur qui, embusqué dans un arbre, aperçut tout à coup six paires d'yeux luisants braqués sur lui. Il en éprouva une telle émotion qu'il perdit l'équilibre et tomba au milieu des loups, lesquels eurent encore plus peur et détalèrent.

Mais si ces coups de fusil que vous entendez sont accompagnés de longs appels, ce n'est pas un loup qu'on tue, c'est une fille qu'on vole. La tradition n'admet pas qu'une jeune fille suive un homme de son plein gré, et la cérémonie des fiançailles n'est qu'un rapt simulé. L'amant a réuni une douzaine des plus joyeux compagnons du village. Tous, en habits de fête, se glissent silencieusement vers la maison de la belle; et, là, les fusils éclatent, des clameurs d'assaut retentissent. On force la porte qui se laisse forcer, on écarte les parents qui se laissent écarter, on s'empare de la jeune fille qui feint la résistance, et on la dépose dans une charrette attelée de solides chevaux qui emportent les deux fiancés à travers les moissons et la nuit. Les parents, fussent-ils même opposés à ce mariage, se consolent en pensant que leur fille obéit à la destinée. Et, comme les camarades du ravisseur sont restés dans la maison envahie et que la pauvreté du Moldave ne l'empêche point d'être hospitalier, la mère étend sur la table sa plus belle nappe brodée, le père va quérir ses dernières bouteilles de vin, et les jeunes gens mangent, boivent et chantent jusqu'au petit jour la victoire de leur ami. Jamais fille volée n'est rendue. Un mois après l'enlèvement, le jeune homme vient donner aux parents des nouvelles de leur fille et fixer avec eux la date du mariage. Mais d'ordinaire on attend pour aller à l'église la naissance de l'enfant, car le mariage coûte cher : il faut payer les popes et les chantres. Heureusement les invités sont généreux : l'un fait présent d'une mesure d'orge et de froment, l'autre d'un mouton, l'autre d'un jeune veau ; parfois même, quelque parent riche amène un bœuf qui n'a pas encore porté le joug. Et c'est alors que l'épousée ceint sa tête du bandeau des matrones qu'elle ne quittera qu'à la mort : le soleil ne doit plus baiser les cheveux d'une femme mariée.

Que de vieux usages se conservent sous la poussière de ces routes ! Ce sont à peu près les mêmes qu'en Valachie, mais ici la tristesse qui les enveloppe les rend encore plus touchants. J'aime, dans les cimetières, ces longues branches plantées sur les tombes de ceux qui moururent avant d'être mariés, ces branches bientôt flétries, que, jeunes époux, ils eussent portées à la main le jour de leur mariage, et dont la mort ombrage parcimonieusement leur couche solitaire. Et j'aime ces puits creusés dans les champs pour le repos d'une âme. Là où le passant se rafraîchit, c'est la mémoire d'un père, d'une mère, que la piété filiale honore. Dieu veuille que cette eau des morts soit douce aux vivants !

L'eau du Pruth ne le fut pas. Nous avons été jusqu'à la frontière russe. Cette petite rivière du Pruth, la plus fantasque des rivières, coulait, calme et bleue, devant son rideau de peupliers. On eût dit à la voir un sage cours d'eau qui n'a d'autre souci que de rouler un peu d'azur entre les maïs roumains et les vignobles de la Bessarabie. Mais, au printemps, elle s'enfle et se répand à travers les champs avec toute la folie d'une imagination slave. Point d'année où cette capricieuse ne change de lit. Elle laisse derrière elle des lambeaux de grève blanche qui scintillent au soleil comme des parures abandonnées. Les sauterelles la traversent en été ; en hiver, les loups. Le paysan roumain la redoute à l'égal d'un fleuve des enfers. Il la voudrait si large que le rivage n'y pût apercevoir le rivage, ni la voix entendre la voix, ni les yeux rencontrer les yeux, si large que les sauterelles, les choléras, les armées ennemies, tout ce qui menace de la franchir se noyât, s'abîmât dans ses eaux troubles. « Ah, Pruth, rivière maudite ! » Et cependant cette Bessarabie, dont nous distinguons les villages et les églises, est habitée par d'anciens Roumains. Mais le paysan se rappelle les invasions russes. Il maudit le Pruth de n'avoir pas su le protéger. Il lui attribue un pouvoir de génie malfaisant. Et sur cette terre découverte, que sa richesse semble étaler comme une proie facile, ne vous étonnez pas qu'il ne soit pas encore revenu de ses anciennes terreurs, et qu'il se sente, même aujourd'hui, exposé, sans défense, à des forces cruelles.

D'ailleurs pour qui travaille cette terre? Est-ce pour le paysan que les champs jaunissent? Il est pauvre : ses hameaux ne bordent pas les routes; ce sont des mendiants, honteux de leur misère, et qui n'osent pas s'approcher du grand chemin. Ils se tapissent dans l'entre-deux des mamelons. Les murs aveugles penchent, leurs clôtures chancellent, les arbustes de leurs jardinets rabougris, poudreux, laissent pendre un feuillage aussi gris et déchiqueté que des toiles d'araignée. La mare voisine les envahit d'une odeur de vase. On jurerait des paillotes de nègres, si les enfants, seuls êtres qu'on y voie et qui se roulent en chemise dans la poussière, n'avaient les cheveux d'un blond pâle.

Nulle part je ne retrouve la dignité naturelle aux paysans Valaques. Le Moldave, même heureux, a des façons plus humbles. Il vous traite d'Altesse. Il garde la courbature de l'ancien servage. M. Vasesco me vantait son intelligence, sa remarquable aptitude à comprendre les machines agricoles les plus compliquées. Mais ces machines ne lui appartiennent pas ; sa charrue n'est pas à lui ; il ne possède rien de son outillage. Si la terre est mieux cultivée qu'en Valachie, parce que le propriétaire, de qui tout dépend, y introduit les nouveaux procédés de culture, le paysan, simple journalier, y demeure dans un état de sujétion, dont ses frères du Danube et de l'Olténie commencent à sortir. Je ne sais ce que vaut le métayage au point de vue purement agricole, mais il me paraît offrir des avantages moraux : il forme des hommes ; il développe l'initiative et l'indépendance. J'ai lu un rapport que le comte uterive, secrétaire de l'ancien hospodar Mavrocordato, rédigea en 1787 sur la Moldavie et présenta au nouvel hospodar Ypsilanti. C'est à peine si je retoucherais la peinture qu'il y fait des paysans moldaves, ou plutôt je ne la retoucherais que pour en affaiblir l'expression de hardiesse et de gaîté. Tout ce qu'il dit de leur indolence et de leur misère n'a guère vieilli. Leur condition politique s'est plus modifiée que leur condition sociale et que leur âme. Ils restent toujours ceux dont on pourrait écrire : « S'ils arrosaient la terre de leurs sueurs, ils auraient plus d'aisance ; mais cette aisance serait une caution qu'ils donneraient à leurs maîtres. » C'est peut-être le spectacle le plus pénible de la Moldavie que cette pauvreté des paysans, au milieu de l'abondance des moissons. Lorsque je les vis, ils portaient sur leurs traits tirés les deux semaines de jeûne qui avaient précédé l'Assomption et promenaient nonchalamment dans la richesse des blés leurs figures de carême.

Non, ce n'est point pour eux que travaille la terre. Mais pour qui? Si l'on s'en rapporte à l'impôt foncier, la valeur des propriétés exploitées par les Roumains du district de Dorohoi s'élève, dans les communes urbaines, à trois millions de francs; la valeur des propriétés exploitées par les Juifs, à sept millions. Au district limitrophe de Botosani, les Roumains en conservent à peu près treize millions, mais les Juifs en ont acquis quatorze. Il est juste de dire que ce sont les deux districts les plus aliénés de la Moldavie puisque, d'après les dernières statistiques, les Juifs ne possèdent que trente et un pour cent de la propriété foncière des communes urbaines. Seulement, la plupart des communes rurales sont tombées en leur pouvoir, car les plus beaux domaines moldaves sont administrés par des fermiers juifs.

Leurs propriétaires ont oublié que la fortune crée des devoirs, et que la grande propriété ne se comprend vraiment que si l'homme qui en dispose assume la charge des hommes qui y vivent. Mais il est plus agréable de courtiser l'intrigue parlementaire à Bucarest que de s'occuper de ses terres et de ses paysans. La politique exerce la même attirance sur ces opulents terriens que jadis la cour de Versailles sur les seigneurs de la province. Et, comme ces derniers perdaient leur raison d'être en s'affranchissant de leurs anciennes obligations féodales, ceux-ci perdent au moins toute raison de se plaindre en abandonnant leur domaine aux soins d'un étranger. Cependant ils se plaignent. Le soir, dans la fumée des cigares, ils s'entretiennent des méfaits du Juif, de son avarice, de son ingéniosité à pressurer le paysan. J'ai peine à comprendre cet antisémitisme. Si le Juif empoisonne et abrutit vos paysans, que penserai-je de vous qui les lui livrez? Les cent ou deux cent mille francs, dont il vous achète par an votre autorité, devraient vous fermer la bouche. Quel est le plus avare, du Juif qui travaille ou de celui qui bénéficie paresseusement sur le travail du Juif? Le paysan ne s'y trompe pas, lui. On m'a cité l'exemple de paysans moldaves qui, apprenant que leur propriétaire voulait affermer ses propriétés, étaient venus le supplier de ne pas les laisser devenir la proie des Juifs. J'ignore ce qu'a fait le propriétaire; mais, ce que je sais bien, c'est que le paysan, avec son bon sens que la misère n'arrive pas à obscurcir, accuse moins l'âpreté du fermier que l'insouciance de son maître. Les Juifs ne détiennent pas seulement les deux tiers des maisons de commerce, les trois quarts des entreprises industrielles, la plus grande partie des exploitations forestières, presque tous les capitaux : ils ont aussi capté l'esprit du paysan et, sinon sa confiance, du moins sa soumission. « Nous sommes tes vrais maîtres, lui disent les gros Israélites : vois notre or. — Nous sommes tes vrais amis, lui disent les pauvres Juifs : vois nos haillons. »

M. Vasesco a pour voisin un ancien et futur ministre, propriétaire de trois mille cinq cents hectares, un homme très fin et en même temps assez énergique. Il réalise autour de lui de petites réformes dont ses paysans sont les premiers à profiter. Dans cette contrée où jadis, avant que les Hongrois fussent devenus intraitables, l'élevage était une des plus grandes ressources, les gens n'avaient rien imaginé de mieux pour protéger les bœufs des vents de l'hiver qu'une simple palissade : quand la bise soufflait d'un côté, on les rangeait de l'autre. Notre hôte a bâti des étables, et l'horrible hutte du pâtre s'est changée en maisonnette de briques. Il a planté sur plus de cent hectares des chênes, des sapins, des acacias, au grand ébahissement des campagnards qui doutaient si ce monsieur n'était pas un peu fou de dépenser tant d'argent à faire de l'ombre. Il appartient au parti libéral, c'est-à-dire au parti le plus nationaliste de la Roumanie. Sa fortune lui assure l'indépendance; son double rôle d'homme politique et d'éminent avocat, une légitime réputation. Eh bien! il nous suffira de parcourir ses propriétés pour nous rendre compte que cet homme en Moldavie ne pourrait rien sans le secours des étrangers.

Nous partons au soleil levant à travers les champs infinis, et notre voiture s'arrête une première fois devant les granges de blé ou des hommes pèsent et expédient les sacs, sous l'œil d'un Juif. Ce Juif, longue casaque et hautes bottes, barbe grisonnante et regard humide, est depuis trente ans l'agent d'une maison juive de Dorohoi. Il nous raconte que ses deux fils ont émigré en Amérique, parce qu'ils ne trouvaient plus rien à gagner dans un pays où, selon lui, les Juifs sont trop nombreux. Ses fonctions consistent à visiter les campagnes, à juger des récoltes; puis, quand ses maîtres avertis les ont achetées, il vient en surveiller la livraison. Il gagne quatre-vingts francs par mois et ses frais de déplacement. Il n'a pas souvenance d'avoir jamais eu maille à partir avec le moindre paysan.

— Ce sont de bonnes gens, dit-il, et si mes deux fils avaient eu de l'ouvrage, je m'estimerais tout à fait heureux.

De là, nous nous rendons à la batteuse : des paysans y travaillaient, sous l'œil d'un Juif. Sitôt qu'il nous aperçut, il se précipita sur nos mains et voulut à toute force les baiser. Sa face rose s'épanouissait dans son collier de barbe noire comme une rose de Saron. Il renversait la tête en parlant ; il étendait les bras et relevait ses larges paumes ; il avait des mouvements d'épaules inimitables ; il fondait en sourires, et, quand un de nos compagnons le traita de farceur, je crus qu'il allait, sauf votre respect, lui sauter au cou. Mais, tout en causant, il ne perdait pas de vue son équipe de journaliers, et s'interrompait pour reprendre l'un, stimuler l'autre. Et il le faisait d'une voix très douce, sur un ton de prière.

— C'est le racoleur d'ouvriers, me dit mon hôte, l'homme peut-être le plus indispensable. Sans lui, mes machines à battre chômeraient. Les paysans, qui ne répondraient point à mon appel, obéissent à son premier signe.

Cinq cents mètres plus loin, on avait recommencé de labourer la terre. Un Juif trapu, botté, enjamba les sillons et accourut à notre rencontre. Celui-là, c'était le loueur de charrues, de chevaux et de bœufs. L'exploitation des propriétés moldaves exigeant un énorme matériel, le propriétaire a souvent besoin de son office. Mon hôte lui demanda des nouvelles de sa fille. Elle s'était embarquée pour New-York, l'année où leurs seize chevaux étaient morts de maladie; mais, depuis qu'il avait réparé ce désastre, sa fille était revenue, et ses affaires marchaient à souhait.

— Vous le voyez, me dit l'ancien ministre avec un léger sourire, ce sont des charrues juives qui labourent quelques-unes de mes jachères; ce sont des paysans embauchés par des Juifs qui battent ma moisson; et ce sont des Juifs qui l'achètent. Ils n'ont jamais de paroles rudes envers ceux qu'ils emploient et commandent. Mais leur douceur est implacable. L'hectare que nous louons vingt francs au paysan, ils le lui afferment vingt-cinq, et le paysan cède. Leurs commissionnaires ont un coup d'œil admirable. L'an dernier, l'un d'eux vint acheter la récolte d'une de mes amies. Il se fit conduire un matin dans ses champs de blé et de maïs encore verts, et lui dit au retour de sa promenade : « Vous aurez cinquante wagons de blé, quarante de maïs : je vous prends votre blé, à raison de mille francs le wagon, votre maïs à raison de huit cents francs. » Et il lui tendit le contrat. « — J'en aurai davantage, répondit la dame. — Soit, repartit le Juif, je vous donnerai quinze cents francs de tout wagon supplémentaire. » Et il signa. Elle eut exactement les quarante wagons de maïs et les cinquante de blé que notre homme avait calculés du haut de sa voiture.

Cependant nous continuions notre marche, et parfois mon hôte interrogeait les paysans et les paysannes que nous rencontrions au seuil de leur chaumière et dans leur petit champ.

— Eh! l'ami, combien vendras-tu ton orge?

— Ce que le Juif m'en offrira.

— Mais t'es-tu informé des prix en cours?

Le paysan haussait les épaules :

— Je n'ai pas le temps.

Plus loin, une paysanne, le fichu noué autour de la tête, coupait ses maïs.

— Es-tu contente de ta récolte?

— Non, nous avons payé l'hectare trop cher, et notre maïs nous reviendra au même prix que si nous l'achetions au marché.

— Qui t'a loué cet hectare?

— Le Juif.

Nous arrivâmes au bourg de Darabani, un de ces grands radeaux de misère pouilleuse qui dorment sur l'océan des moissons roumaines à l'ancre du Talmud[1]. Les maisons pressées sur le bord de la route semblaient trop étroites pour

1. La commune de Darabani se compose d'un bourg et de plusieurs villages. Les villages sont habités par les paysans. Le bourg, comme tous les bourgs proches de la frontière, a reçu beaucoup d'immigrants. Il est entièrement juif. La communauté juive y est très puissante; son système d'impôts et d'assistance mutuelle, admirablement organisé. Toutes les entreprises communales sont entre ses mains, sans compter les cabarets, les *quarante* cabarets.

contenir leur population. Sous les auvents, au milieu du chemin, le long des fossés, partout, la vie débordait. De jolies filles s'entassaient aux fenêtres ; des vieilles femmes au nez crochu tricotaient dans la poussière. Des patriarches, appuyés sur leur grosse canne, balayaient des pans de leurs lévites la marmaille qui grouillait à leurs pieds. Un boulanger, les deux mains à fond dans les poches, la bedaine en avant, remplissait l'embrasure de sa porte d'une face aussi rayonnante qu'un soleil. La plus belle maison du bourg, vis-à-vis de la principale synagogue, était une auberge. L'aubergiste, un Juif naturalisé, fendit la foule et vint serrer la main de l'ancien ministre avec une complaisance marquée ; puis il nous invita à entrer chez lui. J'observais ses airs d'importance, et les regards de parvenu qu'il promenait sur ses coreligionnaires. « Vous voyez, disaient ces regards, moi, je serre la main de ces gens-là ; je suis leur camarade. » Les autres le contemplaient d'un œil d'envie, et manifestaient en nous considérant la même vague appréhension qu'ils eussent fait d'une descente de police.

La fille de l'aubergiste, très coquette, ici presque grande dame, jupe noire et corsage blanc, les yeux pétillants d'aise derrière son pince-nez, nous ouvrit gracieusement un joli petit salon, qui n'était séparé de la salle d'auberge que par une cloison fort mince. Le bruit des hoquets nous arrivait dans une odeur d'eau-de-vie et de vase.

— Allons-nous-en, dit l'ancien ministre, dont le visage avait pâli.

Mais au moment où nous sortions, la porte du cabaret céda sous la poussée de paysans ivres; deux paysannes, plus ivres encore, chantaient, et l'une releva sa jupe et nous montra en ricanant sa cheville enveloppée de bandages ensanglantés. Des sergents de ville les refoulèrent dans l'auberge.

— Allons-nous-en! répéta mon hôte : c'est atroce.

Quelques instants après, nous recevions, dans une villa qu'il possède à l'entrée du bourg, la visite des membres les plus notables de la communauté juive. On les pria de formuler leurs griefs et leurs désirs. Ils parlèrent longtemps et se frappaient la poitrine, où leur lévite noire était bossuée par le gonflement luisant du portefeuille. Que demandaient-ils? Qu'on ne leur défendît plus le séjour des communes rurales et, sur ces communes, la vente du tabac, des allumettes et de l'alcool. Il semblait que les cabarets fussent leur industrie nationale et qu'en la leur interdisant, l'État leur portait un mortel préjudice. On leur objecta qu'il leur était permis de séjourner dans les communes rurales, puisque les propriétaires et les fermiers pouvaient les y embaucher comme ouvriers. Mais je vis bien que la misère même ne saurait les réduire à cette condition de subalternes, car ils se contentèrent de nous répondre : « Nous ne sommes pas plus mauvais que les Roumains : pourquoi ne ferions-nous pas les commerces qu'ils font ? »

Le médecin de Darabani leur succéda, un jeune homme très bien mis, parlant le français sans aucune difficulté. Je craignais que la présence de mes compagnons roumains ne l'intimidât, mais je m'aperçus bientôt que, loin de le gêner, elle l'excitait. Singulière figure : l'œil était ironique et froid, la voix âpre, toute la personne raidie. On devinait un bouillonnement d'amertume sous cette parole qui vous prenait à la gorge comme un acide. Il me raconta qu'il avait fait ses études à Fotosani,« où les professeurs aiment les bons élèves même quand ils sont juifs », et, du reste, « pourquoi n'aimerait-on pas des élèves qui payent deux fois plus cher que les autres ? » Il avait suivi les cours de médecine à Iassi, et, là, obligé pour vivre d'enseigner dans une institution libre, il avait été indignement exploité par le Roumain qui en était le chef. Puis il avait fait son service militaire : tous ses camarades étaient lieutenants ; lui n'était rien, pas même citoyen. Et maintenant il végétait dans ce bourg. L'Alliance israélite lui allouait un traitement annuel d'environ mille francs. Ses consultations lui étaient payées cinquante centimes. Les Juifs étaient malheureux, pas plus malheureux que les paysans, « mais les paysans souffraient de la crise, et les Juifs souffraient des lois ». Les lois s'acharnaient à ne voir en eux que des étrangers sur une terre où ils étaient nés et où leurs pères étaient morts. Cependant ils ne réclamaient point les droits politiques. « Vous les avez regardés : qu'en feraient-ils, je vous prie? » Ils n'ambitionnaient que les droits civils, et la vente des monopoles. Mais ils ne trouvaient de justice que dans l'âme des paysans, aussi pauvres qu'eux et qui ignoraient jusqu'au mot d'antisémitisme. Je lui demandai si les millionnaires de Dorohoi aidaient leurs frères des bourgs. Il hésita un instant :

— Oh! certainement, fit-il.

Quand il se fut retiré, je songeai tristement au sort de ce jeune homme, instruit et laborieux, qui, dans ce canton de la Moldavie, subissait des tortures de paria. Je sentais que sa culture intellectuelle l'avait détaché des joies obscures de la communauté juive et l'enivrait d'humiliation. L'accent dont il m'avait parlé de ses coreligionnaires me le montrait aussi déclassé parmi les siens, qu'étranger parmi les autres. Je le plaignais, et pourtant quelque chose glaçait ma sympathie, l'idée peut-être qu'il n'en avait pas besoin, mais surtout cette haine, légitime hélas! qui fermentait derrière ses yeux durs.

Mon hôte avait gardé sur ses lèvres un énigmatique sourire.

— Il est temps de repartir, me dit-il. Vous avez vu et entendu : jugez.

Le crépuscule nous surprit au milieu de la route, et nous coupâmes à travers champs. Les pentes fauchées des mamelons, et leur chaume pâle, ressemblaient à de vastes ruissellements de blé. Une charrue, qui achevait son sillon, cheminait dans la pénombre ainsi qu'un animal fantastique. Les sombres abreuvoirs se confondaient avec les noirs labours; et parfois la lumière d'une petite cabane brillait au ras de la terre comme une constellation tombée.

CHAPITRE IX

A IASSI

Je suis redescendu vers le Sud et je m'arrête à Iassi, la capitale moldave. Un député roumain me disait : « Quand je vais à Iassi, j'appelle les Juifs des Hindous et je me crois à Calcutta. » Moi, je me crois en Allemagne. Il est impossible de se laver dans cette ville avec d'autres savons que des savons fabriqués à Hambourg ou à Cologne, impossible d'acheter un mouchoir de poche qui n'ait pas été tissé dans la vertueuse Germanie. Je note que les produits allemands ne s'y déguisent plus sous l'étiquette française. Ils ont rejeté masques et faux nez, et leur belle assurance ne nous laisse aucun doute sur leur conquête.

A une des tables de l'hôtel où je déjeune, voisine de la mienne, un grand Roumain d'aspect militaire est venu s'asseoir. On nous a servi un beefsteak, mais ce beefsteak excite visiblement sa méchante humeur. Tout à coup, il se tourne vers moi :

— Vous êtes Français, Monsieur?

— Oui, Monsieur.

— Permettez-moi de vous demander comment vous trouvez ce beefsteak?

— Ni bon ni mauvais, Monsieur.

— Il est exécrable !

Et le pressant du plat de son couteau :

— Regardez : pas de sang dans cette viande !

— Peut-être est-il trop cuit, dis-je.

— Non, Monsieur, il n'est pas trop cuit! Il est *kascher*, abominablement *kascher* : voilà ce qu'il est! On ne peut plus manger à Iassi que de la viande *kascher !* Et pourtant, jura-t-il, je n'ai pas fait vœu de manger de la viande *kascher !* Garçon, enlevez-moi ce beefsteak et apportez-moi le fromage!... Ah! Monsieur, reprit-il après un instant de silence, nous en voyons de dures à Iassi ! C'est en vain que nos magistrats chargés de la surveillance des abattoirs essayèrent de substituer à la tuerie *kascher* la ponction céphalique. Cette révolution dura quatre jours, pendant lesquels les Juifs égorgèrent tous les poulets de la ville et des environs. Mais le cinquième jour, Bucarest envoya l'ordre de rétablir ces rites sauvages, et depuis, il nous faut mâcher des viandes qui n'ont pas plus de jus qu'une semelle de botte! Et tout cela, c'est de votre faute.

— De ma faute?...

— Oui, Monsieur. J'en rends responsable la France. Rappelez-vous le Congrès de Berlin en 1878. C'est vous qui, suggérés par Disraeli ou par le Diable, avez réclamé l'égalité politique et civile pour les trois cent mille Juifs qui nous oppriment.

— Mais puisque vous ne la leur avez pas accordée !...

— S'ils ne l'ont pas obtenue, comme vous nous l'imposiez, du moins ce Congrès de Berlin est devenu, grâce à vous, la forteresse d'où ils nous narguent et nous harcèlent. Quel mal vous avaient fait les Roumains ? Ils vous aimaient. Saviez-vous vous-mêmes ce que vous demandiez en les obligeant d'un coup à naturaliser leurs trois cent mille Juifs ? Ignoriez-vous que ces Juifs parlent allemand, qu'ils forment l'avant-garde de l'influence allemande et qu'ils propagent les contrefaçons allemandes comme les rats la peste ? Vous demandiez que les Roumains ouvrissent leur cité à trois cent mille artisans et commerçants dont l'activité achèverait d'y tuer l'industrie française ! Et qui nous a tirés de l'impasse où vous nous aviez enfoncés ? Qui ? Bismarck ! Il était bien sûr d'ailleurs que ces Juifs, d'attaches germaniques, réussiraient à vous évincer des marchés roumains, et il pouvait, sans danger, acquérir des droits à notre reconnaissance.

— Monsieur, lui dis-je, je ne connais pas les

diplomaties du Congrès de Berlin[1]. Il me souvient cependant que l'intervention de la France vous a valu un agrandissement de territoire. Et vous auriez tort de lui en vouloir si là, comme partout, elle a réglé sa conduite sur la beauté des principes plutôt que sur ses intérêts matériels. Je ne pense pas que ce soit Disraeli qui ait rédigé la Déclaration des Droits de l'homme.

— Alors c'est le Diable ! s'écria-t-il en riant. Mais ne vous imaginez pas que je boude contre la France. Je regrette seulement que son panache d'idéal lui tombe quelquefois sur les yeux, et qu'on la paie si mal de ses générosités... Garçon, un journal étranger !

Le garçon revint avec le *Berliner Tagblatt*.

— A Bucarest, on nous aurait apporté *le Gaulois* ou *le Figaro*. Mais ici !... Savourez la beauté des principes.

Il se peut que les beefsteaks soient médiocres

1. Le Gouvernement français n'avait pas attendu le Congrès de Berlin pour soutenir, avec un désintéressement incroyable, les intérêts de ces Juifs allemands. Napoléon III s'était fait, à plusieurs reprises, leur défenseur (Voir les *Notes sur la vie du Roi Charles, passim*). Au Congrès de Berlin, M. Waddington plaida leur cause. Le 15 octobre 1878, l'agent diplomatique de Roumanie à Paris écrivait à Cogalnitchano, en sortant de notre ministère des Affaires Etrangères : « Il serait impossible au Gouvernement français de s'affranchir de la pression qu'exerce sur lui un groupe prépondérant dans les Chambres, et dont les attaches se devinent. » Voyez tout ce que dit, à ce sujet, M. E. Drumont dans la *France Juive*, t. I, chap. VI.

à Iassi, puisque mon voisin me l'assure ; mais la ville me paraît charmante. Je la trouve tout à fait aimable, cette capitale des Princes moldaves, rouge et verdoyante dans sa ceinture de souples collines. Sa proximité de la frontière russe l'a empêchée de devenir la capitale de la Roumanie, et l'union des deux Principautés en a fait une ville un peu sacrifiée, un peu mourante. L'industrie s'en retire : si j'ai bonne mémoire, elle ne possède qu'une fabrique de cordages tenue par un étranger. Les grands négoces n'y entrent pas ; les petits commerces y fourmillent. Sur soixante-dix-huit mille habitants, elle ne compte que trente-huit mille Roumains. Les autres sont des boutiquiers, des revendeurs, d'humbles artisans installés à leur compte. Comme à Bucarest et dans toute la Roumanie, les Roumains y ont bâti de superbes édifices. Son Université qui la domine, au milieu de grands jardins, est surchargée d'ornementations. Les peintres y ont tant prodigué leurs peintures que les livres à moitié chassés de la bibliothèque sont descendus au sous-sol. Le palais du Prince héritier encore tout neuf se délabre déjà. Je ne crois pas qu'il ait jamais été habité. On m'a montré, presque au centre de la ville, des tas de pierres provenant de maisons démolies et qui sont là depuis sept ans. Les quartiers misérables s'étendent sur un large espace. Ce sont des amas de bicoques où l'on vend des décombres. J'y ai vu des entassements incroyables de hardes, de cordes, de bonnets, de licous, de souliers, de roues et de vieilles ferrailles.

Mais du sein de ces bric-à-brac se dégage l'église de Saint-Nicolas avec ses murs rouges et ses faïences enluminées de saintes figures. C'est comme si, après avoir traversé d'innombrables pouilleries, vous aperceviez tout à coup dans une salle heureuse un bel arbre de Noël tout illuminé. Quelle joie enfantine pour les yeux que cette église de Saint-Nicolas ! Et qu'elle est bien à sa place dans cette ville moldave, dont la population indigène semble n'attendre sa prospérité que de la visite des Saints du ciel !

Je préfère pourtant l'église des Trois Hiérarques. Ah ! celle-là, je le confesse, si j'avais pu la voler et m'enfuir, aucune considération ne m'aurait retenu ! Je n'ai jamais éprouvé pareille tentation d'emporter une église. Mais aussi, que fait-elle dans ce terrain vague, devant cette rue où ne passent que des fripiers ? Est-il permis d'exposer à notre convoitise un si délicieux bijou ? Et pourquoi notre compatriote, M. Lecomte du Nouy, l'habile restaurateur, lui a-t-il rendu toute la grâce de la jeunesse ? Elle est byzantine, elle est russe, elle est persane, elle est ensorcelante comme une exquise mariée sous son voile de dentelle et d'or. On a peur que les vents des steppes russes ne l'enlèvent un soir d'hiver. Son intérieur : un brasier d'or sous cette neige de pierre. Je reproche aux églises orthodoxes de m'éblouir. Mon rêve cherche en vain à se frayer un passage au travers de leur flamboiement et de leur splendeur. Mais je ne reproche rien à l'église des Trois Hiéraques, et je jouis de mon éblouissement.

Et tout près, voici des ruines, de vraies ruines, un authentique débris du palais de Basile le Loup, une salle gothique que les invasions des Turcs et des Slaves ont laissée debout, comme un vieillard aveugle oublié derrière une borne dans une ville saccagée. On y a serré au fond d'une grosse malle des chasubles et des tapis, lambeaux magnifiques de la foi du Moyen Age.

Nous en sortîmes à l'heure où les anciens d'Israël tiennent leurs conciliabules dans les rues. Il semble que tous les patriarches bibliques aient quitté les iconostases des églises, et, dissimulés sous des lévites aussi antiques qu'eux-mêmes, soient venus prendre le frais sur les trottoirs. Ils sont admirables de vie et de beauté. Ils ont des barbes blanches où descendent des papillotes noires. Ils se rassemblent, rapprochent leurs têtes et sans doute s'entretiennent du temps que la terre « était encore molle du déluge ». Et ce sont des brocanteurs, à moins que ce ne soient des prophètes.

Il y a des prophètes à Iassi : j'en connais au moins un. J'étais entré dans une assez pauvre boutique d'antiquaire, où j'avais aperçu un vieux bouquin que je désirais. Je m'étonnai des prétentions de la marchande, mais j'allais m'exécuter, quand, d'une pièce voisine, un jeune homme, qui nous avait entendus, engagea avec cette femme, probablement sa mère, un âpre dialogue dans un jargon allemand. La femme furieuse finit par lui jeter le livre entre les mains, tourna le dos et disparut par une autre porte. Il s'avança et me demanda la moitié du prix qui m'avait été fait. Je considérai l'extraordinaire jeune homme : un visage aux lèvres minces et au nez très aquilin, que travaillait l'âcreté du sang et que dévoraient deux grands yeux éclatants de fièvre. Comme il s'exprimait facilement en français, je me mis à l'interroger. Il me répondit avec la préoccupation manifeste de savoir qui j'étais et pourquoi j'étais à Iassi. Je le lui dis. Sa mère, un peu calmée, était revenue, attirée par de nouveaux clients.

— Voulez-vous passer dans ma chambre, fit-il ; nous serons plus à l'aise.

Des livres traînaient sur la table.

— Vous travaillez ? lui dis-je.

— Je lis un peu : tenez, voici ce que je lis.

Il me montra quelques tomes dépareillés de

J.-J. Rousseau et des livres de Lassalle. Et brusquement :

— Vous m'avez demandé si nous étions malheureux, si on nous tracassait. Oui, on nous tracasse ; oui, nous sommes malheureux. Mais en quel pays les pauvres ne le sont-ils pas ? Cela ne nous empêchera point de faire de grandes choses. Nous aimez-vous ?

— Je cherche à vous connaître, lui répondis-je.

Il me regarda avec une singulière fixité :

— Vous aussi, vous ne nous aimez pas. Je vous parlerai tout de même à cœur ouvert : j'ai beaucoup réfléchi ; je crois que le monde nous appartiendra. Oh ! pas comme vous l'entendez ! On dit que nos capitalistes gouvernent l'Europe, ces capitalistes que, par respect de la fortune, vous appelez des « Israélites » et qui ne sont que des Juifs dépravés. La gouvernent-ils vraiment ? Mais ils la gouverneront, c'est sûr. Il faut que cela soit. Il faut que tout le crédit et tout l'or se concentrent en leurs mains. Nous en ferons du bonheur et de la justice, car nous viendrons après eux, nous qu'ils essaient d'endormir et de livrer endormis à l'avidité de leurs rabbins. Vous vous figurez peut-être que nous sommes unis ; et cependant c'est chez nous, en nous, dans ce petit groupe dispersé aux quatre coins de l'univers, que s'engagera le combat décisif qui changera la société.

Ses yeux brillaient; mais, à mesure qu'il s'échauffait intérieurement, sa voix devenait plus basse :

— Le premier, reprit-il, qui a osé prononcer le mot de socialisme en Roumanie, c'est un Juif. Il s'était associé à un nihiliste russe et à un tsigane. Vous l'a-t-on dit ?

Je l'avais lu en effet dans la brochure de M. Bernard Lazare, et même le tsigane m'avait surpris : je me représentais mal ces révolutionnaires s'avançant aux sons du violon.

— Mais il y manquait quelqu'un, poursuivit le jeune homme : il y manquait un paysan. Dans trente ans d'ici, les paysans seront avec nous. Seulement, je ne serai pas avec eux. Je grelotte de fièvre chaque soir, et je tousse à me déchirer la poitrine. Alors, vous comprenez, je me hâte de rêver et d'imaginer tout ce que je ne verrai pas, tout ce que je voudrais tant voir !

Sa mère se montra dans l'embrasure de la porte, inquiète de notre long entretien, l'œil soupçonneux. Il la regarda et sourit :

— Elle craint que je me fatigue. On m'a défendu de parler et même d'ouvrir un livre. Mais j'ai tant à dire et tant à lire !

Je m'étais attardé : je n'eus que le temps de sauter dans une de ces jolies voitures à un cheval et au joug surélevé, dont nos vieux amis, les cochers russes, sillonnent la ville, et je passai ma soirée en compagnie d'agréables Roumains qui — Dieu soit loué ! — ne me parlèrent point de révolution sociale ni de lutte entre les classes, et qui m'entretinrent des belles chasses en hiver autour de Iassi, à travers ces collines giboyeuses où la Russie leur envoie, par le pont glacé du Pruth, non seulement les lièvres, mais les loups, les sangliers et les ours.

Il est difficile à un étranger de saisir les différences d'humeur qui caractérisent les provinces d'un même pays. Toutefois, s'il me fallait discercerner le Modalve du Valaque, je dirais que ce dernier est plus pratique et le premier plus artiste. Iassi a donné à la Roumanie presque tous ses poètes et ses meilleurs écrivains. Le type des hommes politiques moldaves serait ce fameux Cogalnitchano qui, à vingt ans, avait déjà publié trois volumes sur la Littérature et l'Histoire Roumaines et sur les Mœurs des Tsiganes, et qui reste à la fois un des brillants auteurs et un des grands ministres de la Roumanie moderne. L'intelligence moldave ne s'attache guère à un seul objet. Il y a plus de Latin dans le Roumain de Bucarest et plus de Slave dans le Roumain et la Roumaine de Iassi. C'est au voisinage de la Russie et de la Pologne que j'attribuerais volontiers l'étincelante inquiétude qui m'a séduit en la plupart des âmes moldaves et cette fantaisie que les femmes, même sous des cheveux gris, gardent au fond de leurs yeux noirs.

Enfin Iassi a l'honneur d'avoir fondé entre le parti libéral et le parti conservateur, mais plus près de celui-ci, le parti de la Jeunesse, la *Junima*. D'abord cénacle littéraire, épris de littérature nationale, les Junimistes ont bientôt tourné au groupe parlementaire. C'est une loi, dans les pays qui se forment, que les préoccupations de la politique absorbent rapidement l'activité de tous ceux qui rêvent ou qui pensent. La littérature roumaine, si j'en excepte les deux poètes Alexandri et Eminesco, doit peut-être ses meilleures pages à l'inspiration politique. Les Roumains, nés orateurs, ont besoin d'une cause à plaider. Et les Junimistes ont éloquemment plaidé toutes les causes de la jeune Roumanie. Leur chef est M. Carp ; il passe une partie de l'année sur son domaine de Tibanesti, à une heure de chemin de fer et quatre heures de voiture des portes de Iassi.

CHAPITRE X

UNE VISITE A M. CARP

On m'avait dit : « M. Carp a l'humeur orageuse comme le ciel des Carpathes et changeante comme les flots du Pruth. Il tonne, il éclaire, il déborde, — ou il est charmant ; et l'on ne sait jamais, quand on va le trouver, si l'on recevra de lui des rayons ou de la grêle. » Lorsque, après avoir traversé huit bonnes lieues, sous la pluie, d'une route noire entre des champs de maïs trempés et des mamelons jaunis, après avoir vu de vieux fantômes ruisselants nous ouvrir d'espace en espace des barrières féodales, j'arrivai à la masse de verdure où se cache la maison de Tibanesti, je compris tout de suite que je n'avais rien à craindre et que, par ce merveilleux esprit de contradiction dont se plaignent ses adversaires, M. Carp opposait aux intempéries de la nature une imperturbable sérénité.

On prétend que M. Carp préfère la civilisation germanique à la française. Mais je ne saurais oublier que cet homme, ministre en 1870, déclara fièrement dans les Chambres roumaines ses sympathies pour la France ; et, s'il affecte peut-être la brusquerie d'un vieux général allemand aux moustaches tombantes, toute la gaîté française rit dans son œil clair. Du moment que nous nous levâmes de table jusqu'à l'heure où je le priai de me faire reconduire à la gare, de midi jusqu'au soir, M. Carp fut dans son salon, qu'il ne cessa d'arpenter, comme sur une tribune aux harangues. Tour à tour éloquent et spirituel, mordant et familier, il ne s'arrêtait que pour relever les quelques objections que je lui adressais et qui venaient mourir à ses pieds : il les relevait et repartait plus allégrement. J'avais l'impression d'être, à moi seul, l'auditoire d'un homme d'État ; et ce n'est pas un mince plaisir, ni un plaisir que l'on goûte tous les jours. Je reverrai longtemps sa silhouette nerveuse passer et repasser devant ces hautes fenêtres et le paysage de cette première journée d'automne : un grand parc et plus loin des terres labourées et des collines pâles comme des grèves. Les Juifs, les paysans, les partis politiques, graves questions, passaient et repassaient avec lui sur le ciel un peu brouillé de ce vaste horizon.

... « Vous me dites que vous n'avez pas rencontré de Juifs persécutés ? Mais quand un préfet révoque l'autorisation donnée à un Juif de séjourner sur une commune rurale et que son bon plaisir ruine ce Juif, père de cinq ou six enfants, n'est-ce pas là de la persécution ? Persécution administrative, la pire de toutes ! Que leur reproche-t-on, à ces Juifs ? D'occuper des places dont nous ne voulions pas ! Comme les peuples uniquement agricoles, nous sommes dénués d'initiative. Et nous refuserions de nous incorporer ces étrangers, que nous avons appelés nous-mêmes, et de nous infuser ainsi les qualités qui nous manquent? Je n'exploite pas mes biens; donc personne ne les exploitera ! L'admirable raisonnement ! On affirme que les Juifs sont méprisés et détestés. Avez-vous constaté chez le paysan le moindre signe de mépris ou de haine ? J'ai protégé récemment contre l'administration un Juif dont mes paysans me suppliaient de prendre la défense. Notre antisémitisme n'est qu'une forme de la peur que nous inspirent les capitaux et l'industrie des étrangers. Cependant les Bulgares, les Bukovins, les Hongrois emportent, bon an, mal an, six millions que pourraient gagner les habitants de ce pays. J'ai sur mes terres quinze cents paysans. Je trouve des bergers tant que j'en veux ; mais pas de vachers, et jamais, jamais, un porcher. Les descendants de Trajan, garder des porcs : fi donc ! Ils ne sentent pas la nécessité. Personne ne meurt de faim dans nos villages. Et l'on continue d'y travailler la terre comme du temps de Basile de Loup !

... « Ah ! vous semblez croire que nous nous désintéressons du sort des paysans ! Mais nous sommes un certain nombre d'honnêtes propriétaires qui vivons sur nos propriétés et qui essayons de secouer l'apathie de nos campagnards. Nous l'essayons : seulement, nous n'y parvenons point. Mes labours de maïs, à moi, sont achevés aux derniers jours de l'automne. L'humidité pénètre la terre, la gelée y tue les herbes parasites, tandis qu'au sortir de l'hiver, les bœufs sont trop faibles pour labourer assez profondément. J'obtiens ainsi une moisson d'un quart plus riche, qui crève les yeux de mes paysans. Pensez-vous qu'ils suivent mon exemple ? Ils se disent que le maïs du propriétaire, ça doit toujours mieux pousser et que c'est l'ordre du monde qui veut ça. J'ai entrepris de les amener à une idée plus exacte de l'ordre du monde, et, une année, j'ai fait, à mes frais, labourer leur lopin de terre. Résultat : une récolte excellente. Ils s'en réjouirent... et ne recommencèrent pas ! Nous avons institué une école d'agriculteurs. Mais, en trente ans, elle a produit dix agriculteurs. J'ai proposé à des jeunes gens qui en sortaient de venir sur mes terres : « Monsieur, m'ont-ils répondu, nous sommes diplômés et nous voulons des traitements de quatre mille francs. » — « Bien, mes amis, faites-vous bureaucrates ! » Et depuis ils labourent consciencieusement des feuilles de papier. Ces gaillards-là transforment le licou en rond de cuir !

... « Nous ne sommes pas en monarchie ; nous sommes en bureaucratie ! Les libéraux, fils de petits boyars enragés contre les grands, étaient fort empêchés de s'appuyer sur le Tiers État, puisque le Tiers État n'existait point : ils se créèrent une clientèle bureaucratique, et les conservateurs s'en créèrent une autre. En ce moment, le pays est divisé en deux factions ; l'une qui attend que Carp ou Cantacuzène arrive au pouvoir afin d'envahir les préfectures, les mairies et les bureaux ; l'autre qui les a envahis... Mon programme ? Il est simple. Absorbons nos Juifs. Je ne dis pas : naturalisons-les en masse. Je dis : absorbons-les. Attirons les capitaux étrangers. Cessons de considérer les hommes qui habitent au delà des frontières comme des ennemis toujours prêts à jeter un filet d'or sur notre indépendance. Les Roumains sont attaqués d'une maladie terrible, la maladie des idées générales. Elle commence par l'inaptitude à toute espèce d'entreprise industrielle et par l'illusion qu'on est un homme d'État : elle finit par la paralysie complète devant un bureau d'expéditeur. Je n'y vois d'autre remède qu'une politique sans clientèle.

Mes amis et moi, nous coupons derrière nous cette queue de partisans qui, dans le combat des idées, ne cherchent qu'à dépouiller les vaincus. Instruisons les paysans ; mais, pour l'amour de Dieu, ne leur farcissons pas le cerveau des subtilités du parfait et du plus-que-parfait! Nos programmes d'enseignement encyclopédique et nos cantines scolaires me rappellent cette caricature française où deux jeunes gens se montraient une pièce de cent sous : « Irons-nous dîner, demandait l'un, ou danser au bal de l'Opéra? » Et l'autre répondait : « A quoi bon se donner le nécessaire, quand on peut s'offrir le superflu? »

... « Il y a quelque mélancolie peut-être à se dire, lorsqu'on a mon âge, qu'on représente le parti de l'avenir. Mais cette mélancolie ne va pas sans une certaine fierté. Je laboure, à la fin de mon automne, pour une moisson que je ne récolterai pas. L'hiver neigera sur la terre comme sur ma tête. Vieux cultivateur de maïs, j'ai confiance dans l'hiver. Et l'on me rendra au moins cette justice que je n'ai jamais trottiné derrière la popularité ni courbé les épaules devant la majesté du pouvoir... »

L'âme de la Roumanie est foncièrement optimiste, et son optimisme se communique presque à tous ceux qui foulent ses fertiles terroirs. Le moyen de douter de l'avenir, quand on entend sourdre sous ses pas des promesses d'abondance? Comme mon petit prophète de Iassi, et à l'autre extrémité de la société, M. Carp salue déjà le soleil qui luira sur les hommes de demain. C'est en somme l'expression la plus haute et la plus désintéressée que puisse prendre notre amour de la vie.

La pluie avait cessé, quand je m'éloignai de Tibanesti. La pleine lune s'était levée sur ces solitudes. Le sabot des chevaux faisait de sourds clapotements dans la terre grasse. A moitié route, le bourg juif de Negresti nous apparut, et des parfums m'arrivèrent enveloppés d'une musique de danse. J'aperçus, à travers une foule de paysans assemblés à la porte d'une demeure ouverte, un bal où tournoyaient des robes blanches. Ce ne fut qu'un éclair : la steppe nous ressaisit.

.... Encore un arrêt dans les champs moldaves; une salle d'auberge; deux paysans qui boivent de la *souika*, un Juif qui les sert, et un tsigane, son violon sous le bras, qui regarde par l'étroite lucarne le clair de lune. J'aurais voulu être peintre. Comme plancher, de la terre battue; comme table, un tréteau; comme comptoir, deux tonneaux sous un rayon de bouteilles : les paysans aux cheveux longs et rares, les yeux rivés à la table; le Juif, tête carrée par le haut et pointue par le bas, l'air impassible; le tsigane, le collet relevé sur sa tête d'oiseau sauvage : les quatre hommes silencieux. Quelle histoire de la souffrance humaine, et qui remplirait des nuits entières, si tout le passé de ces hommes à travers les âges leur montait aux lèvres! Que de routes sans fin, que d'exils, que de persécutions, que de sursauts et de paniques, que de larmes et de sang! Allons, tsigane, montre-nous sur ton corps la place où tes pères étaient fouettés de verges, et l'endroit où s'imprimait le fer de l'esclavage! Paysans qui étreignez vos verres, ne vous souvient-il plus de vos ancêtres suspendus par les pouces au-dessus d'un fagot crépitant? Et toi, Juif, tu sors d'un effrayant tunnel d'angoisse. Et je te sens tout de même le plus robuste et le plus vivant de ces quatre hommes où ont abouti tant de misères. C'est pourquoi ma pitié s'attable de préférence à côté des paysans. Quant au tsigane, ouvrez-lui la fenêtre : il brûle de s'enfuir et de dévorer l'espace, à cheval sur un rayon de lune.

On n'attend pas que je tire une conclusion de cette simple promenade dans un pays qui m'a semblé curieux et où j'essayai de noter scrupuleusement des physionomies et des entretiens. A d'autres, de conclure! Pour moi, si j'étais Roumain, je crois que je me plaindrais moins des Juifs. Certes, je regretterais que mes ancêtres eussent commis l'imprudence de les attirer; je me rappellerais qu'ils n'ont réclamé des droits de citoyens qu'au lendemain de la victoire et à l'heure de la prospérité; mais, tout en leur refusant une naturalisation rapide, je leur rendrais plus équitable l'accès à l'indigénat. Si j'étais Juif, je me plaindrais certainement moins des Roumains; mais je protesterais contre une loi militaire qui m'obligerait de servir un État dont je ne serais pas le citoyen. Si j'étais historien, j'admirerais les Roumains et les Juifs d'avoir persévéré, malgré toutes les tourmentes, dans leur vie nationale, et les uns de s'être dégagés d'une oppression séculaire, les autres d'offrir aux vexations une si belle résistance. Si j'étais moraliste, je réprouverais peut-être... Mais comme je ne suis ni moraliste, ni historien, ni Juif, ni Roumain, je descends vers le Danube.

TROISIÈME PARTIE

LE DANUBE ET LA DOBRODJA

CHAPITRE I

LA JOURNÉE D'UN SAC DE BLÉ

Chaque année, à l'époque des récoltes, la Roumanie, gonflée de maïs et de blé, se dégorge aux bords du Danube. C'est sa crue après celle des eaux. De tous les coins de la Valachie et de la Moldavie partent des convois de céréales. Les gares en sont encombrées. Des rives du fleuve s'élève une fine poussière de froment, comme de ces aires où les moissonneurs ont battu la moisson. Je voudrais conter la journée d'un sac de blé. On me dira sans doute qu'il n'y a pas besoin, pour le faire, de traverser l'Allemagne, l'Autriche et la Roumanie jusqu'au delta du Danube. Mais nous avons la faiblesse d'admirer chez les autres ce que nous ne prenons même pas le loisir d'observer chez nous. Il ne manque à la Beauce que d'être baignée par la mer Noire : nous lui découvririons d'incomparables charmes. « Tais-toi, disait un jour un conscrit de la Beauce à un conscrit de Bretagne ; tu viens d'un pays si pauvre que les rats eux-mêmes y descendent des greniers les larmes aux yeux ! » Que je paierais cher un mot semblable en pays étranger ! A marcher dans les sillons roumains, je me suis pris d'un bel amour pour la terre nourricière. J'ai connu le savoureux plaisir d'émietter entre mes doigts une motte de terre bien luisante. Et les sacs remplis sous mes yeux, les sacs qui emportaient le labeur de ces steppes fertiles, je les ai rattrapés vers cinq heures du matin dans la gare de Braïla, au milieu d'une immense plaine verte, coupée de bandes noires, et qu'un ciel bleu enserrait d'un halo d'or.

Ils y étaient arrivés pendant la nuit, et, comme ils devaient y reposer jusqu'à neuf heures, j'avais le temps de visiter la ville. Braïla figure un éventail dont toutes les branches se réuniraient aux embarcadères du Danube. La Roumanie n'a point de ville plus neuve ni plus occidentale. Je n'y vois, à me rappeler l'Orient, qu'une vieille mosquée au cœur même de la cité. Son toit de tuiles déborde ses murs bas et jaunes. Elle a l'air d'une grosse tortue qui se chauffe dans un jardin de plantes naines. Jadis les Russes l'ont baptisée orthodoxe; mais on soupçonne que ce baptême n'en a point exorcisé le mauvais esprit. Successivement quatre maires de Braïla, qui voulaient la démolir, moururent; et le cinquième ne se risque pas à y porter la main. La ville la garde donc comme une ancienne amulette dont elle a vaguement peur. Tout autour se dressent de grands magasins et des hôtels modernes.

Dès avant six heures les cafés sont ouverts, et sous les hauts plafonds peints en mosaïque de l'Hôtel de France se pressent des gens affairés, des Juifs, des Grecs, quelques Italiens, quelques Arméniens, tous acheteurs et vendeurs de céréales attendant, par dépêche, les cours du marché. Les garçons leur servent un café au lait qu'ils boivent distraitement. Et pour l'étranger, qui s'attend à descendre dans un hôtel mal réveillé, rien de plus curieux que le spectacle de ces hommes frais, dispos, et même élégants, le portefeuille sous le bras et la canne à la main. Ils n'ont point ces façons d'énergumènes de nos épouvantables boursiers : ils ne font aucun bruit ; ils sortent, rentrent, se communiquent des télégrammes, conversent à voix basse, inscrivent des chiffres sur leurs calepins et disparaissent. La plupart ont amené leurs fils, des adolescents qui s'instruisent à l'ombre de leur agenda et dont ils éduquent le flair. A dix-huit ans ces blancs-becs en remontreraient parfois à de vieux courtiers et toujours aux brillants élèves des Écoles commerciales. Il est rare que vous aperceviez des Roumains dans cette foule matinale. Je n'en rencontrai que deux : l'un, médecin et malade, que l'insomnie plutôt que le souci des affaires avait poussé hors de son lit ; l'autre, un propriétaire venu lui-même pour vendre son blé et qui semblait aussi dépaysé que moi.

Cependant, vers huit heures, le café s'est vidé ; les destinataires, avisés de l'arrivée des marchandises, courent au chemin de fer, retirent leurs lettres de voiture, descellent leurs wagons, sondent les sacs, et, munis d'échantillons nécessaires, s'empressent vers la Strada Misicii, la rue des Courtiers, une petite rue parallèle au port. On a souvent comparé les villes à des fourmilières ; mais nulle part la comparaison ne me paraît plus juste qu'à Braïla, tant l'activité y est ordonnée et presque silencieuse. Plus de quinze cents wagons attendent aux gares et sont en quelques heures répartis et dirigés sur les cinq voies où s'étendent les magasins des grands commissionnaires. Chacun sait ce qu'il veut, fait ce qu'il doit, et, comme personne ne cherche à tromper son voisin, tout s'accomplit en diligence et dans une extrême simplicité.

A neuf heures, la rue des Courtiers se remplit. Ces courtiers, au nombre de quatorze, nommés par l'État, sont des personnages considérables installés dans de petites échoppes dont ne voudraient pas, pour déballer leur marchandise, nos plus pauvres grainetiers. Quelques étagères contre les murs, des assiettes et des bols où les commissionnaires versent leurs échantillons : c'est là que notre blé va subir son examen; c'est là que le puissant Cottis, cet Italien plus copieux qu'un Hollandais, et le blond Vénitien Zerman, le soupesant au creux de leur main, diront de quel terroir il sort et ce qu'il vaut avec la même infaillible assurance qu'un vieux maître de chai à Bordeaux pourrait vous dire le cru et la cuvée du vin dont il s'est humecté les lèvres[1].

Sans devenir plus bruyant, le marché s'anime. Les grands commissionnaires, les Löwenthal, les Dreyfus, les Mendl, pénètrent dans les échoppes des courtiers. Ils vont d'une assiette à l'autre, interrogent du nez, étudient et pèsent ces grains pâles ou bigarrés, farineux ou glacés, cornés ou tendres. Ils font ce qu'on appelle leur *chemise* : ils essaient de combiner les blés qui leur sont offerts et de former l'exacte qualité qu'ils se

1. Les blés de Roumanie comptent parmi les premiers du monde. Leur richesse nutritive est grandement prisée dans toutes les minoteries, et, même les années où la terre de Hongrie se prodigue, les meuniers hongrois en importent afin de relever la valeur de leurs farines.

sont engagés à fournir. Et, quand ils ont enfin rencontré ce qui leur convient, et que les prix ont été débattus, acheteur, vendeur et courtier se rendent aux wagons et s'assurent que la marchandise est conforme à l'échantillon. Alors l'acheteur laisse tomber sa main dans celle du vendeur et prononce : *Sta bene!* Que le marché conclu soit de dix mille ou de cent mille francs, cette simple parole remplace avantageusement tous les papiers timbrés. On n'a point d'exemple qu'un négociant y ait jamais manqué. Sa déloyauté d'ailleurs serait suivie d'une exécution qui ne lui permettrait pas de reparaître dans la Strada Misicii. Lorsqu'une contestation se produit sur la qualité de la marchandise, l'acheteur et le courtier nomment deux arbitres assermentés. Leur sentence est aussitôt rendue, et sans appel.

Ces formalités sommaires et cette prompte justice impriment au marché de Braïla un caractère d'honnêteté d'autant plus remarquable que non seulement les coups de fortune y sévissent, mais que des intérêts de races s'y contrarient et s'y combattent.

Braïla est un de ces obscurs théâtres où se joue l'éternelle comédie de la chute des Empires. Les Turcs ont été balayés du pays : il n'en reste plus que de rares et médiocres armateurs dont les caïques fendent de leur proue pointue les eaux terreuses du Danube. Mais, lorsque Braïla prit de l'importance, les Italiens s'y emparèrent du commerce des céréales, les Grecs survinrent qui en dépossédèrent les Italiens; puis les Juifs refoulèrent les Grecs; et aujourd'hui les Juifs eux-mêmes ont à lutter contre les Roumains de Transylvanie.

Ces divers peuples ont évolué silencieusement autour des sacs de blé. Il n'y a eu ni batailles, ni rixes, ni tumultes, ni injures. Les Italiens sont encore représentés par de vieux courtiers, les plus habiles. Les Grecs, jaloux les uns des autres, presque aussi détestés que les Arméniens, ont contribué eux-mêmes à leur ruine et ne sont plus guère ici que les magasiniers des Juifs. Les Juifs, très estimés et d'une incontestable probité, ont pour eux leur crédit qui est illimité, et leur intelligence. Les Roumains de Transylvanie, descendus jadis avec leurs troupeaux sur les bords du Danube, économes, travailleurs, patients, unis, commencent à jouer des coudes et pourraient bien, sinon écarter les Juifs, du moins les forcer au partage. La Roumanie ne saurait opposer d'élément plus solide à l'invasion étrangère, car je ne parle pas des quelques avocats qui se sont faits courtiers, mais dont le premier soin fut de s'adjoindre des Juifs et de se mettre sous la tutelle de leur expérience.

Il est environ dix heures lorsque les commissionnaires peuvent disposer des chargements de blé. La vie de la fourmilière qui s'était resserrée et comme engorgée dans une rue étroite se répand sur le quai. On ne court plus : on vole. Des nuées de petites charrettes, dont le haut joug ressemble à un cercle de tonneau, s'abattent autour des wagons. Sauf dans les docks de l'État, tout le travail se fait à bras d'hommes. Les deux mille cinq cents charretiers de Braïla y suffisent à peine. Organisés en colonnes et en équipes, sous la surveillance des magasiniers et sous le commandement des *vatashi*, ils déchargent les wagons et conduisent les sacs de blé, soit aux magasins, soit aux navires. C'est le moment où les *hamals*, ces portefaix prestigieux, entrent en scène, et où l'exportateur opère son mélange de grains. Vous croyez assister à un vulgaire transbordement, et voici un galop de funambules. Les charrettes se sont rangées devant les bouches de cale du vapeur : les hamals saisissent chacun leur sac de cent kilos, et, le dos courbé sous cette effrayante charge, ils courent le long d'une planche dont l'élasticité crie. Arrivés à la pointe extrême, du même petit mouvement d'épaule que le danseur qui se pavane ou que le ménétrier qui marque la mesure, ils vident leurs cent kilos de blé dans la cale béante, et redescendent pour remonter. Mais l'ordre où ils se succèdent sans trêve et sans hésitation est encore plus admirable. Il ne s'agit pas de verser indistinctement les deux ou trois chargements de l'exportateur : il faut les mêler en les versant, et que, par exemple, un sac d'une qualité moyenne ruisselle après deux sacs d'une qualité supérieure. Le commissionnaire est là qui surveille la confection de sa *chemise* et le jeu rapide de ces navettes humaines. Si je devais présider à des combinaisons aussi harmonieuses, je voudrais que, dans ce pays de tsiganes, elles s'accomplissent en musique. Je planterais sur le tillac du navire des musiciens dont le vif archet rythmerait le passage des blés à épi blanc aux blés à épi rouge et des blés bigarrés aux vieux blés roumains. Ainsi les moissons s'embarqueraient pour l'Angleterre, la Belgique ou l'Allemagne aux sons qui réjouirent ceux qui les semèrent et les récoltèrent.

Le travail, qui s'est arrêté de midi à une heure, reprend et continue jusqu'au crépuscule. La nuit vient, et, dans l'ombre, des milliers et des milliers de sacs de blé roulent à travers les plaines immenses et convergent tous au port de Braïla. Et il en arrive aussi sur les flots du Danube. De la Bulgarie, de l'Olténie, des domaines les plus proches du fleuve, les sleps ou gabares, remorqués par des vapeurs, amènent les céréales. La plupart de ceux que j'ai vus appartenaient à des Grecs.

L'un d'eux portait les noms d'*Athena* et d'*Ithaque*. On est tenté de saluer jusqu'à terre des mariniers qui ont à leur poupe ces lettres magiques. O prestige des Fanariotes! Ils draguaient tout l'or des provinces danubiennes sous l'égide rouillée de leur vieille Athena! Mais le monde ne s'en laisse plus imposer par les souvenirs d'Homère et de Démosthènes. Une force nouvelle a rompu le charme. Des gens venus du même pays que saint Paul ont triomphé, encore une fois, aux rives du Danube, de ces subtils hâbleurs.

On a remarqué combien d'intermédiaires se passaient le sac de blé depuis la gare jusqu'au bateau : commissionnaire, exportateur, magasinier, charretier, hamal. La matinée et l'après-midi de Braïla lui coûtent cher, et, s'il est surpris par la nuit, ses frais de séjour augmentent sensiblement. Le Gouvernement a bâti des docks et installé des silos où, les machines remplaçant la main-d'œuvre, le producteur, qui leur confie sa marchandise, économise environ quarante francs sur chaque wagon. Et pourtant ces docks ont du mal à trouver une clientèle. Tout progrès qui soulage le labeur humain porte atteinte aux intérêts d'un certain nombre de particuliers et de corporations. Il importe peu au commissionnaire et au magasinier de Braïla que je paie mon pain quelques centimes de plus, pourvu que l'un trafique sur le blé et que l'autre prélève son petit bénéfice sur les charretiers, qui le prélèvent sans doute sur les hamals, lesquels seraient désolés que la grue hydraulique les dispensât de suer au soleil. Ces gens auraient besoin qu'on leur débrouillât les mystères de la Solidarité. Les heureuses nations qui possèdent tant d'apôtres de cette religion nouvelle ne pourraient-elles en dépêcher quelques-uns à Braïla? On se défie de l'État : il n'a pas l'air assez désintéressé; ses initiatives semblent des inconvenances ; ses présents, des pièges. Et, pour une fois qu'on se trompe, on a quatre-vingt-dix-neuf fois raison. Évidemment, l'État sort de son rôle, lorsqu'il fait de la concurrence aux magasiniers et aux portefaix. Mais je crois que les cultivateurs s'adresseraient plus souvent à lui, si, dès le printemps, les commissionnaires ne les avaient liés par de belles chaînes forgées au sous-sol des Banques. En même temps qu'il la sème, le Roumain hypothèque sa moisson. L'État n'a point de complaisance ; l'État ne verse pas d'acompte ; l'État est une machine à peine plus intelligente qu'un élévateur américain. Et dans le cas où l'État, redoublant d'audace, se chargerait de vendre votre blé, acquerrait-il jamais la diligence, le flair et l'ouïe de ces commissionnaires de Braïla qui, tout en courant de la gare à la rue Misicii, entendent les rumeurs du marché de Londres?

Les silos du gouvernement ne servent d'entrepôts qu'à certains négociants juifs qui les préfèrent aux magasins des maisons juives. Des ruisseaux d'orge, d'avoine, de froment, dont j'ai suivi les mille détours dans cette ruche colossale, pas un qui n'appartînt à un Grumfeld ou à un Grumberg.

Vers six heures, le travail cesse. Sur le quai abandonné, des hommes gardent les sacs qu'on n'a pas eu le temps de charger dans les navires. Le Danube paraît infini, et les îles où il arrondit ses multiples bras ont une mélancolie de lagunes. Leurs rives, presque toujours inondées, sont bordées de saules dont les troncs découpés et lavés par les eaux prennent une étrange couleur de feuilles mortes. On dirait de loin des arbres de carton; mais ils poussent de hautes branches vigoureuses et bizarrement chevelues. Çà et là une cigogne perchée sur un tronc solitaire fait dans le silence une tache rouge surmontée d'un grand point blanc d'interrogation. Et, sous la saulaie, un pêcheur russe a établi sa tente ou plutôt sa moustiquaire, étroite et longue comme un cercueil renversé.

Braïla n'est point de ces villes où le plaisir agrippe l'homme d'affaires au sortir de son bureau et où l'argent, gagné dans la journée, brûle le soir de trébucher aux lumières. L'obligation de se lever dès cinq heures du matin rend ses boursiers aussi sobres que des Turcs. Jusqu'à ce que le lourd Danube se hérisse de glaçons, les clubs se taisent et les brelans chôment. L'hiver, la société y festoie, surtout les Grecs qui sont plus joueurs que Pallas, dame de pique. La plupart des jeunes Israélites voyagent : les autres, comme les Mendl, d'origine portugaise, sont renommés pour leur générosité dépensière.

Mais, dans la saison du blé, les gens ne connaissent pas de meilleure distraction que de prendre, vers le soir, le petit tramway, naguère allemand, aujourd'hui belge, qui les conduit au lac Salé. On traverse de beaux jardins, presque toujours déserts, — où les Roumains ont érigé une pyramide commémorative au général russe Kisselef, — et plus loin une plaine embaumée de l'odeur des pins, des acacias, des eucalyptus. C'est l'ancien ministre, M. Carp, qui les planta ; et l'on ne passe point entre leurs sombres rangées sans bénir la politique humanitaire et agricole de M. Carp, assembleur de nuées et donneur de pluies. Un petit marais sulfureux de sel et d'iode brillant dans la nuit pâle ; des parcs, des hôtels, une de ces jolies stations thermales qui, depuis vingt ans, ont éclos sur la prospérité roumaine ; un souper aux lanternes ; et, quand on rentre à Braïla, toute la ville est endormie, sauf les employés de la gare qui attendent les sacs de blé.

CHAPITRE II

EN TRAVERSANT GALATZ

Pendant l'hiver de 1785, le comte d'Hauterive, faisant route de Constantinople à Iassi, arriva sur les bords du Danube. Les contrées voisines du fleuve, après avoir été ravagées par la guerre, étaient désolées par la peste ; les rivières n'étaient pas naviguées ; les champs n'étaient pas cultivés. La plaine autour de Silistrie n'était qu'un vaste cimetière labouré de fosses récentes. « Au milieu de l'horreur de cette scène, dit-il, je ne saurais rendre l'effet que produisit sur moi la vue d'un cerf-volant qui s'élevait dans l'air et planait au-dessus de la ville le plus gaiement du monde. » Aujourd'hui le Danube n'entend plus le long de ses rives galoper les razzias des Turcs. On ne lui jette plus de cadavres. Les terribles solitudes qu'il battait de ses flots vides se sont converties en campagnes où, derrière des meules de paille, des tours d'églises blanchissent dans le vert sombre des arbres. Le Sireth, dont les affluents descendent de toutes les forêts moldaves, lui apporte, d'un bout à l'autre de l'été, des trains de bois et les chants rauques des maîtres flotteurs. Le comte d'Hauterive avait raison d'écrire que l'insouciance des petits Silistriens, qui couraient et sautaient par-dessus les tombes et suivaient leur cerf-volant, était plus philosophique que les tristes prévisions des sages. Je me suis rappelé cette page de son journal, lorsque notre vapeur a glissé sous les berges grises où sont bâties les casernes de Galatz et que nous avons atterri à ce port militaire et commercial au milieu d'une flottille de voiliers et de caïques. A la hauteur des cheminées d'usine et des clochers rouges, arrondis comme de gros bourrelets et surmontés de la croix grecque, un magnifique cerf-volant palpitait sur un rayon de soleil.

Je crois bien qu'à Braïla, dans cette moderne factorerie, les enfants ne s'amusent qu'à compter les sacs de grains. Mais Galatz est une vieille ville sur le retour. Le commerce des céréales la quitte, attiré par la jeunesse de Braïla. Les chênes d'Olténie et les sapins moldaves qui s'y embarquent, vendus depuis longtemps, ne font que la traverser. En revanche, l'importation y paraît considérable. Cette ville d'âge reçoit plus qu'elle ne donne, et, conséquemment, c'est une ville administrative avec préfecture, archevêché, hôpital militaire, et imposante prison dressée au bord d'un petit lac, en face de la frontière russe. La Commission du Danube, les Sociétés de Navigation allemande, autrichienne, russe et bulgare, y résident. On y respecte la hiérarchie. Les jardins publics sont fréquentés le matin par la bonne compagnie ; le soir, par le peuple. Galatz a de nobles souvenirs. Les restes de Mazeppa reposent, dit-on, dans une de ses églises. Elle a vu passer Jean Paléologue, empereur de Byzance. C'est sur les dalles de ses quais que les boyars barbus attendaient les maîtres que leur envoyait la Sublime-Porte, « ces hospodars, plantes aromatiques cultivées par les mains du Sultan, flambeaux allumés par lui ». Les maisons de ses bas quartiers, aux murs jaunes et au toit d'un rouge foncé, ont été les témoins de ces fastes byzantins. Je n'ai trouvé nulle part en Roumanie de plus grandes fenêtres qui aient rougi à plus de torches triomphales et vibré à plus de carillons. Des festons de gloire semblent pendre encore de leurs balcons rouillés.

Le centre de la ville est populeux, bariolé, commerçant et juif. Mais les hauts quartiers s'étendent immensément, tous en jardins et en villas. Quelle joyeuse débauche d'architectures ! Sur un fond de colonisation grecque, un monde de militaires et de fonctionnaires donne à la vie de Galatz une aimable douceur. Les militaires ont une cordialité charmante. J'ai visité les bâtiments et les arsenaux de la division navale du Danube : « Vous le voyez, m'a dit le commandant : ils sont spacieux ; mais l'argent nous a manqué pour les finir. En attendant qu'il revienne, allons manger du raisin. » Et sur les pentes qui dominent le fleuve, nous avons fourragé dans des vignes succulentes.

Je ne m'étonne pas que l'argent ait manqué. On aime trop les bœufs, à l'École normale de Galatz. Cette école, qui pourrait loger deux cent cinquante élèves et qui n'en contient qu'une cinquantaine, ce splendide casino, qui n'a plus à désirer qu'un matériel scolaire, possède dans son jardin agricole une bouverie, que je n'ose appeler une étable, et dont mes compagnons m'affirmèrent qu'elle avait coûté soixante mille francs. Au taux des banques roumaines, les deux descendants du dieu Apis qui l'occupent jouissent d'un loyer d'environ quatre mille francs. Plût au ciel que nous fussions des bœufs roumains ! On voulait me les montrer, mais ils faisaient leur promenade matinale, et je n'ai pas souffert qu'on dérangeât ces honorables budgétivores.

Quand on songe aux sommes formidables que ce petit peuple roumain, depuis trente ans, a engouffrées dans ses entreprises nationales, quand on additionne les trois cents millions qu'il a dépensés pour faire de sa capitale, après Paris, la première place forte de l'Europe, ses huit cent millions de chemins de fer, ses trente-quatre millions du pont sur le Danube, ses dix-huit millions de docks et de silos, et ses écoles, et son armée, et sa marine, et son port de Constantza, et toutes ses folies architecturales, on demeure confondu de sa vitalité. Son défaut, il le sait bien lui-même, est de commencer plus qu'il n'achève, et d'inaugurer plus qu'il n'entretient. Il a l'impulsion rapide, mais avec des reprises d'indolence. Surtout les individus agissent moins que le Gouvernement. Pendant que l'État construit des docks à Galatz, les compagnies roumaines de scieries mécaniques périclitent et passent la main à des compagnies juives. A-t-on besoin de clous et de savon ? Les Suisses en fabriquent. Les indigènes ne remuent que de la langue. Des avocats sans cause viennent prêcher des grèves et les ouvriers arborent le drapeau rouge. Que ne préfèrent-ils s'adonner aux charmes du kief ! Vous ignorez peut-être ce que signifie *faire kief?* Cela consiste à s'étendre sur le dos aux sons des musiques tsiganes et à regarder couler le Danube entre un flacon et une odalisque. Galatz est une ville de kief.

Cependant j'ai vécu avec de jeunes ingénieurs; avec eux j'ai parcouru le delta. Cette génération, sortie du peuple, qui a grandi et percé à travers les crises politiques et financières, se montre, de l'aveu même des étrangers les plus difficiles, d'une intelligence et d'une énergie, d'un dévouement et d'une modestie également admirables. Mais le malheur veut qu'en Roumanie l'esprit d'initiative ne soit presque jamais du côté de la fortune, et que presque jamais la fortune ne l'encourage. Il ne trouve à s'épancher que dans les canaux du fonctionnarisme. Certes, on aurait tort de contester aux fonctionnaires roumains le mérite des grandes œuvres accomplies. On souhaiterait seulement que quelques-uns fussent mis en état d'exercer leur expérience et leur patriotisme dans le domaine des entreprises particulières. Loin de là, l'État, qui a dû tout créer, continue de tout vouloir régir. Sa tendance au monopole s'accuse de jour en jour, si bien qu'à Galatz, comme dans le reste du pays, on a cette impression que seuls le Gouvernement et les étrangers travaillent.

Ce Gouvernement que, pour mon compte, je ne saurais trop bénir, m'avait confié à des ingénieurs qui devaient me faire descendre le fleuve jusqu'à la mer Noire. Mais, avant de quitter Galatz, je me reprocherais de ne pas parler du vaste établissement fondé par des religieuses françaises, les dames de Sion. Elles en ont trois dans le pays, un à Bucarest, tout jeune encore, un autre à Iassi, déjà puissant, le troisième à Galatz, monumental. Mais — qu'on se rassure — le Gouvernement français n'y est pour rien! Contribuables de ma patrie, pas un centime de nos poches ne s'est égaré vers ces contrées danubiennes. Les écoles juives de la Moldavie reçoivent des subventions annuelles de l'Alliance Israélite. Les écoles allemandes de Bucarest en reçoivent de Berlin. Les dames de Sion n'en reçoivent de personne. Nous leur avons peut-être envoyé, sur les insistances de notre ministre, des cartes géographiques et deux ou trois mappemondes, afin, sans doute, de les convaincre que Bucarest, Iassi et Galatz étaient moins loin de la France qu'elles n'eussent été tentées de le supposer. D'ailleurs, pourquoi le Gouvernement leur serait-il venu en aide? A-t-on besoin des secours du Gouvernement pour faire aimer sa patrie? Il me déplairait que le Gouvernement pût s'attribuer la moindre part dans cette œuvre qui ne doit sa prospérité qu'à notre esprit français d'association et de prosélytisme.

Quelques femmes pauvres et inconnues sont arrivées un jour à Galatz. Elles ont loué une petite maison et y ont ouvert un pensionnat. Trois élèves répondirent à leur appel. Elles en comptent aujourd'hui six cents, l'orphelinat compris. Leur institution est aussi grande que nos plus grands lycées, mais infiniment mieux aménagée. Rien n'y est sacrifié à l'apparence : tout y est adapté aux exigences de l'hygiène. Ces noires « obscurantistes » adorent la lumière. Elle entre à flots dans leurs classes, dans leurs dortoirs, dans le petit jardin d'hiver de leur infirmerie. Ces religieuses, pliées par la discipline à tous les renoncements et à toutes les mortifications, ne sont austères et dures que pour elles. Je voudrais que nos architectes, quand ils bâtissent des collèges, eussent le même souci du bien-être des enfants. On ne me citera pas en France beaucoup de maisons d'éducation où les pensionnaires puissent, selon leur désir, se laver chaque matin à l'eau froide ou à l'eau chaude. Les dames de Sion ont emprunté à la science moderne ce qu'elle nous procure d'agréable confort. Ces bonnes sœurs, entêtées de superstitions, mettent entre les mains de leurs élèves les ouvrages dont nous meublons les bibliothèques des nôtres. J'y ai relevé en passant les livres de Boissier, Brunetière, Caro, Doumic, Duruy, Faguet, Vidal de La Blache. On y étudie les morceaux choisis de Voltaire dans les éditions dont se servent nos futurs bacheliers.

J'entends bien que tous ces attraits ne doivent être que des appâts jetés aux petites âmes, car enfin des religieuses catholiques en pays orthodoxe, que rêveraient-elles, que machineraient-elles, si ce n'est la conversion des hérétiques de l'Église grecque? On n'imagine pas l'influence d'un robinet d'eau chaude sur les croyances d'une jeune hérétique habituée chez elle à l'eau froide. Et ne pensez-vous pas que les *Promenades archéologiques* de M. Gaston Boissier ne sont qu'un chemin détourné pour aboutir au Vatican ? Je me défie de Voltaire, ancien élève des Jésuites.

— Madame, dis-je à la religieuse qui me promenait dans sa forteresse romaine, combien, sur vos six cents élèves, avez-vous de catholiques?

Elle me répondit avec un bon sourire :

— Monsieur, nous en avons trois.

On s'étonnerait que les Roumains, qui n'éprouvent aucune sympathie pour le catholicisme, eussent à redouter l'apostolat de ces femmes[1].

Mais, alors, que font-elles ? Elles font simplement ce qu'il importerait que nous fissions tous dans ces pays où la culture allemande et la culture anglaise essaient de se substituer à la culture française : elles sauvegardent la vieille autorité de notre langue et de notre nom. Partout, en Roumanie comme ailleurs, nos intérêts industriels sont battus en brèche, et, par une sorte d'incompréhensible aveuglement, notre commerce se

1. Cependant, l'an dernier, on les a accusées de prosélytisme religieux : on les a même poursuivies. Elles avaient heureusement choisi comme avocat le Président de la Chambre des Députés. Il est impossible que les Roumains appréhendent sérieusement une propagande catholique qui, du reste, n'existe pas ! Mais, derrière ce prétexte de catholicisme, je crains que ce ne soit l'influence française que des esprits entichés de germanisme, profitant de ce qui se passait en France, aient essayé d'amoindrir.

replie lui-même devant les forces ennemies. Il ne nous reste plus à défendre que les anciennes prérogatives du génie français. Tant qu'on apprendra notre langue et qu'on lira nos ouvrages, nous mériterons l'éloge de Joseph de Maistre : que notre voix porte plus loin que la voix des autres peuples. Si nous pouvons nous flatter encore d'être entendus directement des nations étrangères, nous en sommes souvent redevables au patriotisme de nos missionnaires et de nos religieuses. Et c'est pourquoi je partage l'opinion que m'exprimait l'une d'elles dans ces beaux jardins du couvent de Galatz. Elle savait que ses sœurs de France allaient être dispersées et n'en témoignait point d'amertume, car, disait-elle, les hommes qui les proscrivaient étaient mus apparemment par cette idée qu'elles seraient encore plus utiles à la France au delà qu'en deçà des frontières. Leur expulsion n'était qu'un acte, un peu rude, de politique extérieure. Ainsi l'esprit français essaime et colonise. O merveilleuse expansion d'un pays qui, toujours affamé d'ascendant spirituel, consent, pour l'accroître, aux plus rares sacrifices, et tour à tour déborde sur l'Europe ses protestants, ses gentilshommes et ses religieuses !

CHAPITRE III

LA DESCENTE DU DANUBE

Qu'on me donne une hacienda dans les pampas de l'Amérique du Sud, un domaine dans les labours moldaves, — ou que le Gouvernement roumain me nomme inspecteur des pêcheries du Danube : voilà mon rêve.

Il y a un homme en Roumanie que je n'ai pu joindre, presque aussi fabuleux que M. Kalindero. Il s'appelle Antipa. C'est le législateur du fleuve, des lacs, des rivières et des étangs. Les pêcheries, affermées ou exploitées en régie, ne connaissent d'autre maître que lui. Il règne sur un peuple de pêcheurs à demi sauvages et gouverne le monde des eaux. Il y fait la vie et il y réglemente la mort. Toutes les lèvres murmurent son nom. Le lourd pêcheur à barbe rousse qui jette son filet la nuit entre les joncs déserts n'aperçoit pas M. Antipa, mais il sent que M. Antipa le regarde. A chaque coude du fleuve, on s'attend à voir M. Antipa sortir des saules ou surgir des roseaux. Il remonterait le courant dans une conque traînée par des esturgeons et des sterlets : personne n'en manifesterait le moindre étonnement. Parlez-moi des pays jeunes et encore vierges pour les administrateurs qui ont des idées! Ils y acquièrent une popularité qui les élève au rang des antiques demi-dieux. Les flots du Danube commençaient à se dépeupler. Les poissons des étangs dégénéraient. Les carpes du lac Razelm, par suite de l'enlisement des rivières, maigrissaient du corps et grossissaient de la tête. Les pêcheurs russes ne pêchaient plus : ils dévastaient. M. Antipa organisa ce chaos : il édicta des lois sévères ; il discipline les tribus dont les coups de filets saccageaient les trésors du fleuve ; il ramena la confiance parmi les esturgeons qui reprirent leur route accoutumée jusqu'aux Portes de Fer. Et les pêcheries assagies rapportent annuellement à l'État roumain deux millions cinq cent mille francs.

A mesure qu'on s'éloigne de Galatz et qu'on s'enfonce dans le véritable empire de M. Antipa, on sent se réveiller en soi l'appétit de la vie libre et l'enthousiasme de la solitude. Quelles immensités! Le Danube, tant ses rives sont basses, plates, ressemble à une vaste nappe d'eau déversée au ras de la terre. Bientôt nous doublons l'embouchure du Pruth et nous longeons les rives de la Bessarabie, de cette Bessarabie hier roumaine, aujourd'hui russe, et dont le souvenir saigne encore au cœur des Roumains. On ne peut pas dire que cette frontière ne soit pas bien gardée. D'espace en espace, des factionnaires immobiles surveillent, l'arme au bras, les nuages sablonneux qui se forment sur les eaux troubles du fleuve. Des patrouilles de gendarmes à cheval, flanquées d'énormes molosses, trottent d'un poste à l'autre. Une nuit, un déserteur roumain poursuivi jusqu'au Pruth, se cacha dans les herbes et, tout péril conjuré, gagna silencieusement à la nage la terre russe. Quand il y aborda, une troupe sous les armes l'attendait.

Nous distinguons une petite ville d'où part le train d'Odessa. Puis des dépôts de pétrole, et toujours ces factionnaires plantés comme des bornes milliaires sur le rivage nu. Si notre petit vapeur échouait contre ce rivage, nous serions aussitôt cueillis, choyés, escortés et conduits en grande pompe à la ville voisine où le gouverneur pourvoirait le plus aimablement du monde à notre entretien et ne nous laisserait manquer ni de pain ni d'eau. Mais cette hospitalité ne tente aucunement mes compagnons qui, d'un coup de barre, regagnent le milieu du fleuve.

Les Roumains n'ont pas encore oublié que les Russes leur arrachèrent ce dernier morceau de Bessarabie au lendemain d'une guerre où les *do-*

robantz du prince Charles avaient fait merveille à côté des soldats de l'Empereur. On conçoit que leur sentiment national ait été blessé. Cependant, de tout ce qui a été publié sur cette question, il ressort que les hommes d'État de la Roumanie ne pouvaient s'abuser et qu'ils savaient fort bien, en combattant avec les Russes, ce que les Russes leur demanderaient après la victoire. En échange de cette Bessarabie, on leur a donné la Dobrodja et, dans la Dobrodja, un port magnifique sur la mer Noire. Pour l'étranger cet échange équivaut à une conquête. D'ailleurs, au moment même où l'indignation bouleversait Bucarest, un homme, un Roumain, eut le courage de le penser et le courage plus grand de l'écrire. Nicolas Kretzulesco reconnaissait que ce triangle de terre n'avait pas plus fait le bonheur de la Roumanie que la Roumanie n'en avait fait la prospérité. Si les Roumains perdaient des frères en Bessarabie, ils en regagnaient en Dobrodja. Sa brochure lui suscita de violentes attaques; mais il avait parlé le langage que tiennent aujourd'hui les plus raisonnables de ses compatriotes. Les paysans de la Bessarabie ne se plaignent pas d'être devenus des sujets russes. Le Gouvernement de Saint-Pétersbourg s'est montré paternel à leur égard; il les a d'abord dispensés d'impôts, et ceux qu'il établit ensuite ne pèsent pas lourdement sur eux. Et puisque leur condition les satisfait, on peut donc se féliciter sans remords que la Dobrodja appartienne aux Roumains.

C'est un pays extraordinaire. Pourquoi iriez-vous en Amérique ou en Océanie ? Regardez seulement le soleil se coucher sur le Danube qui meurt. J'ai vu, entre ses steppes de roseaux pareilles à des fourmillements de flèches d'or, ce vieux roi barbare des fleuves européens rouler dans l'agonie du jour des millions de roses. Imaginez tout l'or, tout l'argent, tout l'airain, tout le fer que les invasions ont laissé tomber sous ses vagues. Que d'armes et de bijoux, que de diadèmes enfouis dans son lit de sable ! Les cieux empourprés du soir font remonter à sa face morne et lasse le sang des anciens carnages.

Les hommes qui peuplent ses lagunes ne sont guère plus policés que les hordes dont ses flots portèrent l'aventure. Je ne parle pas des bergers roumains et transylvains qui, vers la fin de septembre, descendent des Carpathes et amènent leurs troupeaux sur ces vastes pâturages[1]. Ils ont l'humeur douce de leurs brebis. Leurs yeux ne

1. Ces bergers roumains ont fourni la matière d'une étude extrêmement intéressante à M. Em. de Martonne dans son très beau livre sur la Valachie (*La Valachie. Essai de monographie géographique*. Thèse présentée à la Faculté des Lettres de Paris, Armand Colin, 1902). Je ne saurais trop en conseiller la lecture aux amis de la Roumanie.

contemplent depuis des siècles que des toisons et des pentes herbeuses. Sous la *stina* des montagnes comme sous la tente de roseaux du delta, ils gardent fidèlement les coutumes de leur village. Ce sont les Roumains par excellence; et la vie pastorale des anciens temps du monde chante encore dans leur longue flûte droite. Mais le Danube héberge d'autres hôtes, les Lippovans, Vieux Croyants russes, que les persécutions ont chassés dans ces marécages et qui vivent de leur pêche. Barbus, comme il convient à l'homme, image de la divinité; amphibies; demi-païens et demi-byzantins; réfractaires à toutes les lois et refusant à l'État le droit essentiellement divin de tenir le registre des naissances et des morts, ils poursuivent dans leurs solitudes aquatiques le rêve obstiné de leurs pères pour qui Pierre le Grand fut l'Antechrist et l'imitation des mœurs occidentales une œuvre de Satan. Les uns ont un clergé et des églises, dont les cloches, même à Braïla, résonnent plusieurs fois par jour. Les autres, sans prêtres, ont substitué à la lithurgie des pratiques grossières, d'aucuns disent abominables. Le Gouvernement a l'œil sur leurs villages, mais il ne peut rien sur leurs tribus dispersées. Leurs campements sont des refuges aux nihilistes traqués et aux bandits en fuite. Ceux que l'on connaît dans les pêcheries mènent une âpre vie dont la saumure les conserve. Ils habitent de misérables cabanes que les crues du fleuve envahissent. Lorsque l'eau y pénètre, ils dorment sur leur table ; et, lorsque la table se met à flotter, ils couchent sur le toit. D'ordinaire, ils partent le lundi matin et ne rentrent que le samedi soir. Quelques-uns restent absents deux et trois mois. Ils campent alors sous des moustiquaires et sous des huttes de joncs. Leurs escouades se composent de douze hommes conduits par un ataman, et chaque escouade possède en commun ses filets et ses engins qu'on évalue à sept ou huit cents francs. L'ataman, homme d'expérience, décide, selon le vent et l'eau, de la place et de l'heure où l'on jettera les filets. Ces pêcheurs, toujours les pieds dans la boue et dont le sommeil respire à pleins poumons la buée des marais, n'ont jamais de fièvre et supportent allégrement leurs saouleries du dimanche. Fils du Danube, leur existence est aussi longue que le cours de ce fleuve.

Mais aussi quels beaux mangeurs de poissons et comme ils se consolent du règne de l'Antechrist par les raffinements de leur art culinaire ! La bouillabaisse des Marseillais me paraît sans saveur, depuis qu'on m'a révélé les soupes lippovanes. Et d'abord ils font bouillir dans une énorme marmite vingt kilos de carpes, de tanches, de brèmes, de sandres, jusqu'à ce que l'eau ait absorbé tout le suc des chairs fondantes. Puis ils rejettent ce tas de poissons, dont se régaleraient nos carêmes, car les maîtres gourmets réservent ce court-bouillon succulent à la cuisson des esturgeons de qualité et des sterlets délicieusement gras. Sterlets et esturgeons y mijotent entre deux couches de légumes, et la fumée qui monte de leur marmite embaume la steppe. Ils ont aussi une façon de rôtir les carpes telle que, si j'étais riche, je m'attacherais un cuisinier lippovan. Et, quand il leur reste une croûte de pain, ces Vieux Croyants la beurrent de caviar frais. Voilà qui permet à leurs sectes millénaires d'attendre patiemment l'arrivée du Messie ou, si j'en crois M. Anatole Leroy-Beaulieu, le retour de Napoléon.

Il ne faudrait pas se figurer que les pêcheurs n'ont qu'à plonger leurs mains dans le Danube pour en retirer des poissons de choix. La pêche de l'esturgeon ne va pas sans péril. On suspend, sur la moitié du fleuve, à deux poteaux ou à deux flotteurs, des filets formés de longues lignes qui balancent, au mouvement des eaux, leurs gros hameçons. Dès que les esturgeons s'y engagent, ils sont attrapés et accrochés. Ces lignes doivent être assez espacées; et les inspecteurs exigent entre les filets un intervalle d'au moins cinquante mètres, afin que les petits, les chanceux ou les malins puissent s'esquiver. Lorsque les pêcheurs arrivent, ils soupèsent chaque ligne l'une après l'autre, et, quand ils sentent le poisson se débattre, ils unissent leurs efforts et la soulèvent avec précaution. A peine le museau de la bête émerge-t-il, qu'un homme, armé d'un maillet où l'on a coulé du plomb fondu, lui en assène un coup mortel, car l'esturgeon renverserait barque et pêcheurs. L'an dernier on en a pris un qui pesait deux cents kilos. Ce genre de pêche à l'assommoir convient aux Lippovans, ces cosaques sauvages : ils tiennent autant du boucher que du pêcheur.

Vers six heures, nous abordâmes sous les saules à l'embouchure d'un petit bras du fleuve qui alimente un étang. Là, j'assistai à une pêche un peu moins brutale, plus facile aussi, et vraiment fantastique. Aux crues printanières, le poisson se répand dans ces espèces de lagunes ; mais, sitôt que les eaux baissent et qu'il veut regagner le fleuve, on établit à l'entrée du passage des claies de pieux et de branches, fermées par un filet. Comme le niveau de l'étang est supérieur à celui du Danube, le courant a une extrême violence ; et le poisson s'engouffre dans cette nasse. Il s'y précipite même quelquefois si nombreux et avec une telle impétuosité que les habitants de la pêcherie, les hommes à coups de fusil, les femmes en hurlant, essayent de l'effrayer et de sauver le barrage.

Dans la clarté mourante du jour, nous voyions

accourir des carpes affolées, dont les rangs pressés formaient comme des flots sous les flots. Quelques-unes, sentant peut-être le péril, s'arrêtaient, reculaient de trois ou quatre mètres, cherchaient la profondeur, y plongeaient un instant pour y ramasser leurs forces, prendre leur élan et bondir par-dessus l'obstacle. Elles faisaient des sauts prodigieux. Le désir de vivre tendait désespérément ces pauvres corps et ces nageoires qui eussent voulu être des ailes.

Nous reprîmes notre route, et, vers dix heures du soir, nous fîmes escale à l'ancienne cité turque de Toultchea.

Ce fut une étrange apparition. Je m'imaginais aborder à une bourgade difforme et morte, ou du moins endormie. Mais toute la ville retentissait d'une cacophonie de concerts. Dans le jardin public, une petite bourgeoisie élégante de Grecs et de Juifs se promenait autour d'un kiosque où la musique militaire jouait l'*Arlésienne*. Devant une grande épicerie, qui débitait de la bière et des liqueurs, des groupes attablés sur le trottoir écoutaient des violoneux tsiganes. Dans les cabarets, des Turcs accroupis et des pêcheurs russes en casaque rouge, à moitié ivres, dodelinaient leur tête aux sons stridents d'une musique orientale.

Je crois bien qu'il n'y avait en cette ville qu'un

seul être qui dormît : l'hôtelier. Nous dûmes frapper à coups de poing et à coups de canne, ce qui augmenta le charivari de ce port danubien. Enfin la porte s'entre-bâilla, et un long spectre, à favoris gris, revêtu d'une chemise qui lui tombait jusqu'aux chevilles, brandit une chandelle sous notre nez. Il nous toisait d'un œil défiant et sondait l'obscurité environnante :

— C'est bon, sage vieillard, dit un des nôtres : tu nous as suffisamment observés. Laisse-nous entrer!

Dès que nous eûmes franchi le seuil, le spectre referma soigneusement sa porte, comme si les esprits des ténèbres étaient attachés à nos pas; et il nous regarda encore un instant en silence, avant de nous indiquer les chambres où nous pourrions déposer nos sacs de nuit. Mais, lorsqu'il vit que nous nous préparions à ressortir, son inquiétude se réveilla : il marmotta des paroles indistinctes, et ce ne fut que sur nos ordres réitérés qu'il remit en grognant la clef dans la serrure.

On m'expliqua le mystère. Le pauvre homme souffre d'une moralité extrêmement rare chez les hôteliers roumains, et qui l'a rendu presque célèbre de Galatz à Soulina. Un officier, que sa femme, sa très légitime femme, était venue attendre ici, me racontait qu'arrivé en pleine nuit il fut obligé, pour pénétrer jusqu'à elle, de passer sur le corps de ce trop vertueux hôtelier. Hélas! que tant de vertu fut mal récompensé! Un jour, deux jeunes gens, un Russe et une Bulgare, se présentèrent, si gentils et si gais, que le malheureux crut héberger des nouveaux mariés. Le lendemain matin, il les trouva tous deux empoisonnés. On sauva la fille; mais l'amant était mort. Ce lugubre souvenir donne le soir à son hôtel un air de maison hantée, et lui donne, à lui, une mine de fantôme.

Drôle de ville que Toultchea! Ici commence l'extraordinaire mélange de peuples qui fait ressembler la Dobrodja à un immense terrain vague où toutes les races auraient jeté leurs scories. La ville ne compte que huit mille âmes et possède des églises catholique, protestante, roumaine, bulgare, russe, arménienne, grecque, des synagogues et des mosquées. La plupart des Turcs en ont émigré; et cependant il semble qu'on soit encore chez eux. Pourquoi? Je ne saurais le dire, mais j'en ai eu la sensation très nette dans cette nuit où se détachaient sur nos têtes les aiguilles d'ombre des minarets.

Un petit bossu, aux yeux farouches, passait au milieu des buveurs avec une corbeille remplie d'amandes.

— Tenez, me dit un de mes compagnons, voici un échappé des contes arabes! Figurez-vous que ce diable de colporteur est le plus grand amoureux de toute la province. Ses aventures sont aussi fameuses dans les cabarets turcs que l'histoire du Tailleur de Bagdad... Eh ! l'ami, la nuit est douce, et l'on dormirait bien ce soir suspendu sous les étoiles !

Le bossu nous lança un regard furieux.

— Achetez-moi mes amandes, fit-il, et taisez-vous.

— L'an dernier, reprit mon compagnon, il courtisait une petite bonne turque, qui, fatiguée de ses poursuites, consentit à un rendez-vous. Il y vint ; mais la fenêtre de la belle était trop haute, et notre bossu, planté au pied du mur comme un chien qui regarde un oiseau, suppliait la bien-aimée de descendre. « Impossible, disait-elle, je réveillerais ma maîtresse; seulement, tu peux monter : j'ai un large panier et des cordes solides. Mets-toi dans le panier, et je te hisserai jusqu'à moi. » Le don Juan s'y installe ; et la coquine, aidée sans doute d'un ami invisible, commence à le soulever de terre. L'ascension était lente et dure; mais chaque saccade le rapprochait du ciel. Il touchait à la hauteur d'un premier étage, quand la fille, se penchant vers lui, s'écria : « J'entends du bruit : ne bouge pas ! » Et de fermer la fenêtre, et d'éteindre la lumière. Ni la lumière ne reparut, ni la fenêtre ne se rouvrit ; et lorsque, à l'aurore, les ouvriers turcs se rendirent à leur travail, ils aperçurent, balancé dans un panier, le bossu de Toultchea qui rageait, grinçait, écumait et pourtant n'osait faire aucun mouvement, car il mourait de peur que la corde ne cassât.

Ce bossu, ces musiques endiablées, le sombre Danube sommeillant dans ses roseaux, cet hôtelier qui nous attendait toujours en chemise et qui, le bougeoir à la main, nous examina des pieds à la tête afin de s'assurer qu'aucune jeune Bulgare ne se cachait sous nos vêtements ; au petit jour, les maisons blêmes, les rues à fondrières, le morne embarcadère, les flots gris, et, derrière nous, dans un amphithéâtre brumeux, des minarets et des moulins à vent qui sortaient du brouillard : toute mon escale à Toultchea me produit l'effet d'un bizarre intermède au milieu d'une traversée sauvage.

Après cette ville, le Danube, d'où s'est déjà détaché le bras russe de Chilia, se divise encore en deux bras : à droite, celui de Saint-Georges, le seul dont les rives soient escarpées ; et, devant nous, celui de Soulina, la route des vaisseaux. Il y tombe sous la tutelle de la Commission européenne. On le sent prodigieusement las et qui use ses derniers flots à retarder sa chute dans la mer. Il fait des coudes et des crochets à travers cette plaine où rien ne le contrarie ; mais il ne se porte plus, il s'abandonne, il s'étale, et, à chaque tournant, s'enlise davantage. Les ingénieurs sont alors intervenus, et leur œuvre grandiose a rectifié le cours et corrigé l'imbécillité du vieux fleuve. Ils lui ont creusé un boulevard rectiligne d'environ cinquante kilomètres où sa masse leur obéit. Ce n'est plus un fleuve; c'est un énorme canal qui, d'un trait, s'enfonce dans le ciel. Quand il retrouve son ancien lit, des barrages établis le long de ses rives et des fascines, plongées sous leurs eaux stagnantes, le forcent d'y décharger son sable et son limon et de se rétrécir lui-même selon les lois qui déterminent la violence du courant. Ses surveillants se défient de sa paresse et l'empêchent de s'endormir. On exige de lui une impétuosité constante et régulière. On ne lui permet pas d'oublier un instant qu'il n'est qu'une route, une grand'route internationale, ainsi que l'indiquent, fichées de mille en mille, des plaques noires aux chiffres blancs.

Depuis hier, le paysage n'a guère changé : il semble qu'on y embrasse d'un seul coup d'œil les deux cent cinquante mille hectares de marécages et de roseraies qui composent le delta. C'est un océan où le soleil ondule en vagues de lumière et se brise en remous d'étincelles. Mais les quais de Soulina apparaissent brusquement, aussi tristes que des haillons mis à sécher entre deux infinis. Derrière une rangée de maisons borgnes surgissent des minarets pointus et des dômes d'église. Nous mouillons au pied d'un restaurant vitré dont la vue évoque le souvenir des fritures de Bas-Meudon, près de la demeure caduque où jadis les pachas turcs fumaient leur narghilé. A l'extrémité du quai, sur un morceau de terre formé du sable et des pierres que les vaisseaux de toutes les nations jetèrent en passant, s'élève le Palais de la Commission européenne. Trois cariatides au sein nu et aux ailes éployées soutiennent son balcon. Le Danube vient mourir sous ses fenêtres, continuellement fouetté par les vents d'Odessa. Là encore, il s'ensablerait si la plus puissante drague du monde ne labourait son embouchure et n'assurait aux navires les vingt-quatre pieds d'eau qui leur sont nécessaires.

Ce Soulina, avec sa petite population dépareillée de Grecs, de Turcs, d'Arméniens, d'Italiens, d'Allemands et de fonctionnaires roumains, a l'air d'une colonie pénitentiaire. Comment vivent ces gens-là pendant les longs hivernages? Je conçois parfaitement la solitude, et je me suis surpris plus d'une fois à envier les gardiens des phares. Lorsque jadis j'escalai aux îles Malouines, j'aurais accepté de bon cœur d'y séjourner un ou deux ans. Mais ces bourgades qui ressemblent à un quartier louche, amputé d'une grande ville, me paraissent inhabitables.

Cependant on y vit; on y vit même fort heureux; car j'y ai rencontré un ingénieur danois qui y réside depuis trente-trois ans et dont ces trente-trois ans n'ont altéré ni le teint frais, ni la belle humeur. Ce petit homme, aux yeux bleus comme de vieilles faïences et qui vous fait marcher son Danube tambour battant, m'a conté en une heure de quoi défrayer un volume de chasses et d'aventures. J'ai pénétré à sa suite dans les bouges où les marins grecs cassent les verres et jouent du couteau. Il m'a montré des Levantins débarqués ici, sur ces dalles, avec une moitié de chemise et trois quarts de pantalon, et qui, dix ans plus tard, accoudés à la poupe d'un navire, un gros cigare entre les dents, remportaient chez eux des fortunes scandaleuses. J'ai assisté aux péripéties d'une lutte effroyable entre un Anglais et un Allemand, tous deux commissionnaires : l'Anglais, pour ruiner son rival, avait installé un élévateur; mais l'Allemand, pour tuer l'élévateur, embaucha mille Turcs...

— ... Et mille Turcs, sachez-le, coûtent moins cher qu'une machine anglaise et travaillent davantage. Car les Turcs sont, après les Danois et les Français, le plus laborieux et le plus honnête peuple de la terre. Excellents Turcs! Tranquilles, consciencieux, toujours contents d'Allah et de son prophète, et, dès qu'ils ont pris femme, plus sobres qu'une société de tempérance. Et pas un, Monsieur, pas un ne songe à décorer sa boutonnière du petit bouton des ligues anti-alcooliques. Ils boivent de l'eau et sont aussi modestes que s'ils buvaient du vin. Et quelle loyauté! Est-ce qu'on signe un contrat avec un Turc? On lui tape dans la main et on s'endort sur les deux oreilles. Mais les Russes... Ah! les Russes!... On ne peut pas leur dénier le patriotisme : ils ont évidemment compris que la sécurité de leur patrie voulait qu'ils en sortissent. Seulement, croyez-moi, ils manquent de délicatesse. Dans ce pays, il faut être pêcheur ou chasseur. Ces gueux de Lippovans sont à la fois l'un et l'autre. Vous les voyez partir à la pêche, un fusil sur l'épaule. Qu'arrive-t-il? Que les marais se dépeuplent de bécassines, d'outardes, de porcs sauvages et même de lièvres. C'est d'autant plus déplorable que les pauvres ingénieurs qui s'en vont à la chasse n'y traînent pas des filets de pêche. La partie est trop inégale. Quant aux Arméniens, ne m'en parlez pas, ou vous me forceriez de vous dire que, depuis six ans, on n'a pas aperçu, du hameau de Saint-Georges au hameau de Chilia, les plumes effilées et blanches d'une seule aigrette! Ces plumes se vendaient quarante francs la livre. Les aigrettes ne pouvaient plus promener leur coquet panache sur un coin de terre fréquenté par les Arméniens. Elles ont dû renoncer à l'hospitalité roumaine, et je suis bien sûr qu'elles regrettent ce pays, comme le regretteront tous ces hôtes. Qui n'aimerait la Roumanie? Regardez la Commission du Danube. Elle se flatte de travailler pour l'Europe; mais au fond elle ne travaille que pour l'État roumain, dont ses ingénieurs sont les premiers fonctionnaires. Cela met en rage les Bulgares qui se sont découvert, dit-on, des droits sur la Dobrodja. Stambouloff a eu beau leur répéter: « Bénissez le ciel que la Dobrodja vous sépare de la Russie. » Ces entêtés se refusent à bénir le ciel, et, dans le district de Toultchea, leurs instituteurs ont enseigné aux enfants que le roi Charles leur a volé un territoire où leurs ancêtres, déguisés en Turcs, ont sué, pendant des siècles, à planter des roseaux... Toultchea, Soulina, villes d'apparence mortes, quand les navires anglais et les vapeurs du Lloyd autrichien n'y chassent pas leur fumée ou ne les remplissent pas du cri de leurs sirènes! Mais leur silence est trompeur : point de marécage où ne fermente l'individualisme des races, où la question d'Orient ne tressaille. A quelques milles de l'embouchure du Danube, se dresse une espèce de rocher nu, appelé l'île des Serpents. On y trouve un phare, un factionnaire roumain, l'emplacement d'un ancien temple que la légende consacrait au divin Achille, et, dans la belle saison, des couleuvres qui se chauffent entre les pierres. Tenez pour certain que ces couleuvres ne tomberont jamais d'accord sur leur nationalité commune. Les unes se sentent encore grecques, et les autres déjà bulgares. Il y en a qui sifflent du côté de la Russie; il y en a qui rêvent, comme d'une patrie, des jardins de Stamboul. Quand elles entendent le pas du factionnaire, elles rentrent dans leur trou; et ce sont, au demeurant, de bonnes couleuvres, très inoffensives, mais elles ont leurs idées sur la question d'Orient... »

CHAPITRE IV

LA DOBRODJA

Si nous nous embarquions et si nous descendions les côtes de la mer Noire, nous arriverions en l'espace d'une nuit au port de Constantza. Toute la terre comprise de Soulina à Mangalia entre la mer et le Danube, se nomme la Dobrodja, et Constantza en est la capitale. Lorsque le roi Charles y vint, il s'arrêta silencieux devant le rivage et y écouta complaisamment le bruit des vagues qui promettaient à la Roumanie une puissance maritime. Non seulement Constantza est le seul port de la mer Noire qui puisse rivaliser avec Odessa, mais le Congrès de Berlin donnait aux Roumains, comme prolongement à la plaine de Bucarest, un sol presque vierge, d'une incontestable richesse, où leur fierté de Latins retrouvait après des siècles les traces de leurs aïeux, et qu'une sage politique devait ouvrir à la colonisation. Je ne connais guère de peuple en Europe qui ait été plus favorisé. Ils acquéraient, à leur porte même, une province d'Amérique, une colonie dont six heures de chemin de fer relieraient bientôt le chef-lieu à la métropole. Et cette colonie, que sa pénurie d'habitants rendait assez facile à organiser, possédait cependant des colons admirables. Il est vrai que les distances entre les villages et la variété des races — on en compte jusqu'à vingt et une — compliquaient un peu l'œuvre des administrateurs.

La Dobrodja, sauf les marécages du Danube et les forêts de Babadagh, n'est qu'un vaste désert aux ondulations grises et jaunes, crevassé, raviné, recouvert d'une couche de poussière que la brise la plus légère soulève en tourbillons aveuglants. Mais çà et là, au milieu de ces mamelons, où les troupeaux de brebis cheminent comme des reflets de nuage, le désert verdoïe et le désert se dore. Les pâturages succèdent aux plaines de chardons ; les labours, aux pâturages. Un village est là, qui ne ressemble pas plus à celui que vous avez laissé dix lieues derrière vous qu'à celui que vous atteindrez ce soir après cinq ou six heures de charrette : village allemand, village roumain, village bulgare, village turc, village tatar, village russe. De la monotonie indicible de cette nature surgissent des îlots de civilisation européenne, orientale, presque asiatique, à demi barbare. Quelques gros bourgs, Mangalia, Babadagh, Meijidié, paraissent grouper et associer ces éléments disparates; mais ce ne sont que des villages juxtaposés. Mille Turcs, mille Tsiganes, mille Bulgares, mille Roumains ne composent point une ville de quatre mille âmes : ils ne forment que quatre villages de mille âmes chacun.

Une fois en possession de la Dobrodja, le Gouvernement roumain commença les longs travaux du port de Constantza. Et l'ancienne cité turque devint, pendant l'hiver où le Danube est gelé, un centre d'exportation; pendant l'été, une station balnéaire. Les vieilles rues d'Orient muettes, aveugles, aux murs d'une blancheur spongieuse, aboutirent à des hôtels et à des magasins de coquillages. Des ateliers de photographes braquèrent leurs appareils sur les mosquées en torchis. Le minaret érigea au-dessus des cafés européens sa silhouette de poivrière. Mais on s'habitue vite à ces contrastes, et je n'étais point surpris de voir grouiller des Tsiganes dépenaillés et des Tatars, très sales et très doux, autour de la statue d'Ovide.

Vous pensez bien que les Roumains ne manquèrent pas d'élever une statue au poète des *Tristes* sur la place de l'antique Tomi. Je dirais volontiers que nulle statue ne m'a jamais paru tout à la fois plus méritée et plus imméritée. Plus méritée : car l'homme qui passa quinze ans de sa vie à pleurnicher sur ce rivage mérite, sans aucun doute, d'y rester en pénitence jusqu'à la fin des siècles. Plus imméritée : car, si les statues des hommes fameux ne se comprennent qu'aux endroits qu'ils ont célébrés ou illustrés, ce fut un étrange paradoxe d'ériger celle d'Ovide sur cette terre qu'il n'a cessé de maudire et que le misérable n'a même pas essayé de nous peindre. Comment vivait-on dans cette colonie romaine dont les derniers vestiges nous semblent gigantesques[1] ? Quels en étaient les habitants ? Que pensaient-ils ? De quelle façon les conquérants en usaient-ils avec eux ? Ovide n'a rien su voir ni rien su dire. S'il avait eu seulement l'esprit d'observation de mon ingénieur danois, s'il avait pêché l'esturgeon ou chassé la bécassine, il eût peut-être écrit un livre inappréciable. Infatués d'eux-mêmes et de leur cité, les Anciens marchaient trop souvent à travers les nations excentriques comme dans une vile poussière. Ils n'avaient point de pitié pour les savants futurs ni de vraie sympathie pour l'espèce humaine.

Les Roumains de notre temps commencèrent

1. Par exemple, les ruines du monument d'Adam-Klissi à l'est de Meijidié, si imposant que les Turcs l'ont attribué aux premiers temps de l'humanité et y ont vu l'église du premier homme. Consultez, à ce sujet, les *Fouilles et Recherches archéologiques en Roumanie, communications faites à l'Académie des Inscriptions et Belles-Lettres de Paris* (1892-1899), par Gr. G. Tocilesco ; les travaux précédents de L. Renier, E. Desjardins, G. Boissière, etc.

par imiter en Dobrodja l'exemple du poète qu'ils y avaient honoré. Les bords de la mer Noire revirent des figures d'exilés. A six heures de Bucarest on se crut au bout du monde. On regretta naïvement le restaurant Capsa ou les ombrages des Carpathes. Les fonctionnaires s'y sentirent en disgrâce. Et pourtant la Dobrodja offre à la curiosité de l'artiste, de l'historien, de l'anthropologiste, et même du bureaucrate, une matière exceptionnelle[1]. Comme les costumes, les questions les plus diverses s'y entremêlent et se disputent notre attention. Question coloniale : comment acclimater et retenir dans un pays chrétien les Turcs qui sont peut-être les meilleurs colons, les plus probes, les plus actifs, mais que sollicite un éternel désir de quitter la terre des giaours? — Question politique : comment apprivoiser ces rudes Bulgares dont l'hostilité, si elle se comprend en Macédoine où ils luttent contre l'influence roumaine, ne s'explique en Dobrodja que par un excès d'humeur combative? — Questions ethniques : à quels groupements rattacher les Tatars,

1. Elle a inspiré un livre charmant à un jeune savant suisse, M. Eugène Pittard, qui l'a parcourue en tout sens avec sa femme, connue dans les lettres sous le nom de Noelle Roger. Ils l'ont vraiment découverte ; et ils y sont revenus plusieurs fois, toujours plus épris de sa beauté et de sa richesse. Personne ne la connaît mieux qu'eux, et personne n'est plus capable de nous la faire connaître. (Voir : *Dans la Dobrodja, notes de Voyage*, E. Pittard, Genève 1902.)

les Kurdes, les Albanais et les Tsiganes dont les villages, perchés sur la falaise de la ville, y flamboient dans leurs haillons et leurs pourritures? — Questions religieuses : on trouve à Constantza un noyau de Karaïtes, c'est-à-dire de Juifs qui ont rejeté le Talmud et qui s'en tiennent à l'Ancien Testament. Ils comptaient naguère dans leurs rangs le consul de Russie; et le roi Charles, à son passage, assista au service divin de leur petite église. Or, personne ne considère ces Karaïtes comme de véritables Juifs. On ne reconnaît en eux ni les qualités ni les défauts du peuple choisi. Et ceux-là mêmes à qui le Talmud est aussi inconnu que la Bible, mais qui détestent les Israélites, les en distiguent et les aiment. On est donc amené à se demander si, dans l'universel mélange de tous les sangs, l'éducation religieuse ne constituerait pas souvent le caractère le plus marqué de ce que nous appelons une race. Notez aussi que, de l'avis des historiens et des anthropologistes, la plupart des Juifs de la Dobrodja et peut-être un certain nombre de la Moldavie ne sont que des Germains, des Slaves, des Tatars judaïsés du VIe au IXe siècle. Mais vous les étonneriez grandement, les Tatars, les Slaves et les Germains, si vous leur présentiez en ces Israélites d'anciens membres de leur famille. A défaut du type sémite, le Talmud leur a donné l'âme juive; encore ne suis-je pas certain qu'il ne leur ait pas allongé et recourbé l'appareil nasal. — Questions d'archéologie: un des grands squelettes de la puissance romaine dormait dans le sable léger de la Dobrodja. De quels beaux coups de pioche un simple sous-préfet pouvait émerveiller ses loisirs! — Et les artistes n'étaient pas plus à plaindre que les archéologues, les sociologues et les psychologues; car c'est ici le triomphe des loques et des guenilles radieuses. Bondées de paysans, les charrettes qui tressautent le long des routes font danser de violentes couleurs dans la grise mélancolie du désert; et le soir, sur le seuil des taudis, les fez et les turbans champignonnent au clair de lune.

L'administration roumaine ne se montra pas au début très sensible à ces beautés ni très soucieuse de ces objets d'étude. Mais elle estima que les habitants de cette province privilégiée, sans député ni sénateur, devaient jouir d'une situation sociale au moins aussi extraordinaire que la nature de leur pays. L'annexion leur avait conféré le titre de citoyen roumain. Seulement, s'ils ont le malheur de franchir le pont du Danube et qu'ils se réclament de ce titre, la Cour de cassation relève vertement leur impertinence et leur prouve que, citoyens roumains en Dobrodja, hors de la Dobrodja ils ne sont plus ni Roumains ni citoyens et ne rentrent dans aucune catégorie connue. Tel Juif ou tel Allemand qui voudrait quitter Constantza et venir à Bucarest, y verrait son nom impitoyablement biffé sur les listes électorales. Il n'est plus citoyen, et il n'est pourtant pas étranger. Cette anomalie n'affecte ni les Turcs, ni les Tatars, ni les Tsiganes, ni les Lippovans. Les Bulgares irrédentistes seraient même tentés de s'en gaudir. Mais elle autorise les petites fantaisies néroniennes des bureaucrates, et, sous couleur d'attacher les colons au sol, les livre à leur merci. L'administration fit mieux encore : elle refusa aux nouveaux venus le droit d'acheter des terres. Cette méthode de colonisation lui assurait les sérieux farniente dont une administration a toujours besoin.

Cependant ses fautes, qui nous prouvent une fois de plus combien l'expérience coloniale est difficile à acquérir, ne purent altérer le grand air de liberté qu'on respire en Dobrodja ; et il faut rendre cette justice aux Roumains, qu'avertis par des commencements d'exode ils ne persévèrent point dans leurs erreurs. Quand je passai à Constantza, tout le monde y vantait les réformes administratives du nouveau préfet. Il avait exhorté et décidé les Turcs à réparer leurs mosquées. Les écoles, sous la direction d'instituteurs roumains, avaient chacune un maître qui enseignait aux enfants des diverses nationalités leur langue et leur religion nationales ; et ce maître était nommé et payé par le Gouvernement. Enfin les émigrants, installés en Dobrodja depuis l'annexion, espéraient y obtenir bientôt le droit de propriété.

Il me tardait de visiter les villages de ces gens qui sont à la fois des citoyens et des étrangers, et qui pourtant ne sont ni l'un ni l'autre. Le long du rivage et des lagunes poissonneuses, puis à travers la steppe, nous nous acheminâmes vers le village allemand de Caramurat. Ces Allemands sont les Boers de l'Europe occidentale. Partis de la Souabe et appelés en Russie sous Catherine II, bientôt persécutés, ils en émigrèrent et descendirent jusqu'aux rives du Danube. Les uns firent route par Braïla, les autres par la Bessarabie, et, après bien des étapes et d'infructueux séjours, ils se fixèrent enfin dans les plaines de la Dobrodja. Leur village de Caramurat est précédé lui-même d'un village roumain et d'un hameau tatar.

Trois petits mondes fermés au milieu du désert.

Le village roumain s'éparpille : il a ses pauvres et ses riches, des cabanes ruineuses et des maisons agrémentées de sculptures, oui, de sculptures. L'épicier aime la façade, et le meilleur de son gain a dû passer dans la poche de l'architecte.

Le hameau tatar, qui sépare la civilisation tatare de la germanique, ne m'a pas surpris. Nous avons tous vu des hameaux tatars dans les cauchemars de notre enfance, lorsque nous étions emportés au pays difforme des sorcières et des nains. Les chaumières cocasses et cabossées, trapues, bossues, ventrues, semblent creusées sous des amas de terre façonnés par la tempête. Leurs cheminées se tordent comme de vieux troncs d'arbres ou se recourbent comme des trompes. Quelles fanfares le vent doit y souffler ! Les Tatars, très religieux, se garderaient bien de planter des arbres autour de leur demeure, car ce serait une impiété d'en planter où Dieu n'a pas voulu qu'il en poussât. Les Tatars sont des colons précieux et qui accaparent et hébergent royalement toute la vermine des environs. Ils vivent dans la crasse, non dans la misère. Le luxe des Roumains, le solide confort des Allemands ne les séduisent pas : ils chérissent leurs haillons et respectent leurs ordures. Le voyageur, à la tombée du crépuscule, prendrait ces petits êtres aux poils rares et aux joues glabres qui sortent de leurs étranges tanières pour les génies saugrenus et malfaisants de la nuit et du désert. Mais la douceur mongole de leurs yeux tirés vers les tempes luit comme un rayon d'étoile sur la hotte d'un chiffonnier.

Le village allemand s'étend des deux côtés de la route, d'une route bien entretenue, bordée d'un petit mur crépi, et barrée à ses deux extrémités par une croix de bois sur un socle de terre. On a tout de suite l'impression de l'ordre et de la régularité. On s'étonne même de ne pas voir circuler dans cette allée tracée au cordeau et ombragée d'acacias un policier coiffé d'un casque à pointe. Les fermes et leurs dépendances, pignon sur l'avenue, s'alignent l'une derrière l'autre, militairement. A chaque porte, un banc de bois où les vieux fument leur pipe pendant les soirs d'été. Les cours sont nettes ; les étables sont propres. Dans les fermes, le salon sent un peu le renfermé comme il sied aux pièces qu'on n'ouvre que le dimanche et les jours de fête. Les fenêtres ont de petits rideaux blancs et de grands rideaux rouges. Des fusils et de vieilles assiettes ornent les murs. Les armoires, aussi larges que nos armoires normandes, vrais coffres-forts des bonnes ménagères, regorgent de linge. Les planchers sont recouverts de tapis. Mais tout l'orgueil de la maison s'étale sur les lits et monte jusqu'au plafond en piles d'oreillers, de beaux oreillers, dont les taies brodées à jour font des cascades de dentelles. Partout, des images du Christ et de la Vierge. Nous sommes dans un village catholique, et ces paysans viennent de se construire une église gothique, la plus charmante de la Dobrodja — on peut dire à leurs frais, car ils n'ont reçu que mille francs du Roi et mille francs de l'archevêque. Les hommes, gros, forts, aux moustaches blondes, portent la casquette et le gilet montant. Les femmes, qui s'occupent de leur intérieur et du bétail, n'ont d'autres bijoux que leur alliance et une croix d'or.

Je regrettai que le majordome allemand de Sinaia ne m'accompagnât point dans ma visite : il eût pu s'écrier avec encore plus de raison qu'au château royal : « C'est ici tout à fait comme chez nous ! » Ces émigrants n'ont rien perdu de leurs traditions et de leurs coutumes au cours de leurs longues pérégrinations, si ce n'est l'usage de la bière que, depuis leur séjour parmi les Russes, ils ont remplacée par le vin et l'eau-de-vie. Les femmes n'ont quitté que d'hier, pour un large tablier, l'espèce de mouchoir qu'elles avaient hérité des aïeules de leurs grand'mères. Les Souabes du XVIIIe siècle reconnaîtraient dans ce village leurs vieilles habitations, peut-être au plafond plus bas, leurs anciens missels, leurs gilets boutonnés jusqu'au menton et leurs piles d'oreillers. Ils y retrouveraient surtout leurs idées et leurs ruses de paysans placides, patients et têtus. Comme le village suédois abandonné par Charles XII au milieu des steppes russes, comme les villages hongrois semés en Moldavie, c'est un de ces villages où l'on craint peut-être les revenants, mais où les revenants n'auraient pas à craindre de revenir. Le trisaïeul, enterré sur la frontière de Pologne, qui, las de son sommeil et désireux de revoir sa ferme, descendrait en Dobrodja, pourrait dire à son arrière-petit-fils : « Ne te dérange pas, mon garcon. Je vas me reposer chez nous, et, si j'ai soif, je sais où est la cruche d'eau-de-vie. »

Les morts hantent-ils ce village? Je l'ignore. En revanche, les vivants n'en sortent guère. De loin en loin, aux fêtes carillonnées, ils vont rendre visite à leurs frères des autres villages. Mais il est très rare qu'un jeune homme prenne femme hors de sa paroisse. On se marie de bonne heure, après trois semaines de fiançailles, et les enfants pullulent. Les villages protestants n'ont aucun rapport avec les villages catholiques; d'ailleurs, ils n'en diffèrent que par leurs querelles religieuses. On y passe l'hiver à se réunir en petites chapelles autour du temple. On essaie mutuellement de se convertir; anabaptistes et unitariens se chamaillent en Dieu. C'est une façon de tuer les jours sombres, où les vents du nord ne cessent de balayer ces mornes étendues, et où les hommes, chassés de la nature, se calfeutrent chez eux avec leur pipe, quelques livres et quelques vieux journaux.

On croirait que ces Germains, si fidèles à leurs traditions, si imperméables aux influences étrangères, se font gloire de leur patrie et prétendent rester les sujets de l'Empereur. Mais, de tous les peuples, l'Allemand est celui qui se dénationalise le plus volontiers. Songez que les Souabes de la Dobrodja ont abandonné leur pays depuis plus d'un siècle. S'ils en conservent les habitudes, c'est moins par esprit national que par nécessité. N'eût été la défiance des nations où ils se sont établis, ils s'y seraient bientôt fondus. Mais, me disaient-ils, on persiste à les traiter en étrangers, alors qu'ils s'évertuent à répéter qu'ils sont, ne peuvent et ne veulent être que des citoyens de la Roumanie. L'administration les a tracassés et pressurés. Les fermiers roumains, particulièrement ceux de la Transylvanie, ne leur pardonnent pas leur supériorité d'agriculteurs. Un propriétaire des environs, qui s'était mis en tête de les obliger à moissonner ses champs pour une rétribution dérisoire, irrité de leur refus, ne trouva rien de mieux que d'accuser leur curé de propagande catholique. Les journalistes de Constantza dénoncèrent le péril, et le curé dut comparaître devant les autorités de Bucarest. C'est un excellent homme, qui administre soigneusement les affaires de sa paroisse : il n'a pas encore baptisé un seul enfant turc, et je crois que son prosélytisme n'a jamais paru dangereux qu'aux outardes des marécages qu'il pourchasse sous les vents glacés de l'hiver. Ainsi, le voyageur retrouve au fond des déserts les jalousies et les vexations qui empoisonnent la vie de nos sous-préfectures. Et, singulière incohérence, cette administration, redoutable aux colons paisibles, fermait les yeux sur les menées irrédentistes des Bulgares!

De retour à Constantza, nous y prîmes le chemin de fer de Bucarest, mais pour nous arrêter à Meijidié. Toute cette partie de la ligne, depuis Constantza jusqu'à Cernadova, a été construite, sous la domination turque, par des ingénieurs anglais. On voit bien qu'ils travaillaient au compte de Sa Majesté le Sultan! Ils y ont bâclé une si mauvaise besogne que les grandes vitesses ne sont pas plus permises aux locomotives que le galop aux charrettes des Tatars. Du moins, on peut admirer sans hâte, à la portière du wagon, la chaîne de tumuli qui représente les anciennes fortifications romaines, cette espèce de muraille chinoise que les terrassiers du Latium avaient élevée contre les barbares. Il n'en reste que ce qui reste d'un tremblement de terre ou du retrait d'un océan : des vallons et des dunes.

Nous ne fîmes que traverser la vieille cité turque de Meijidié; mais, à peine en étions-nous sortis, que nous faillîmes y rentrer. Le cheval du brave Tatar qui s'était engagé à nous conduire au village de Peshtera montrait un attachement incroyable pour sa ville natale. Lorsqu'il en atteignit les dernières maisons il rebroussa chemin tout tranquillement et répondit aux objurgations de son maître par les coups de queue dont ses pareils écartent les mouches. Le Tatar descendit, lui flatta le museau, et le remit dans la bonne route ; mais, dès que son conducteur eut regrimpé sur son siège, l'animal nous fit décrire un nouveau demi-cercle et repartit au trot vers l'auberge ou la mosquée. Les Tatars ont de la malice. Le nôtre, désespérant de vaincre les répugnances de son cheval, essaya de le tromper et de l'amener hors de la ville, en lui contant des histoires et par des voies inaccoutumées. Peine perdue! Le cheval s'arrêta net, au tournant d'un tumulus, sur un effondrement de l'empire romain.

— Il ne veut pas! s'écria le petit homme. Il ne veut pas!

Nous voulions, nous; mais nos volontés se seraient brisées contre l'entêtement de la bête et la douceur du cocher, si, par bonheur, quatre charrettes, qui s'en allaient aux champs, n'eussent défilé sous nos yeux. Notre cheval regarda leurs huit chevaux : il se dit sans doute que l'heure avait sonné pour tous les chevaux de la ville de quitter Meijidié, et, résigné, il prit le pas derrière eux.

Jamais encore l'immense plaine vallonnée ne m'avait paru plus immense, ni sa désolation plus infinie. Tout n'y est que poussière ; poussière, le vent qui passe ; poussière, le rayon de soleil qui luit ; poussière froide et piquante à l'aube ; poussière brûlante à midi ; et vers le crépuscule petite poussière humide et fraîche. Elle nous voile, mais sans nous les dérober, la majesté de l'étendue et la noblesse du désert.

Je ne sais combien d'heures le cheval du Tatar avait trotté dans cette poussière, lorsque nous aperçûmes le clocher de Peshtera. Peshtera est un village fondé par les Roumains de Transylvanie. Ils étaient très pauvres alors : maintenant les moins fortunés labourent leurs vingt-cinq hectares et possèdent leurs deux chevaux. Ils ont pourtant gardé l'apparence de leur ancienne pauvreté. Leurs maisons, disséminées dans la vallée sèche et grise, sont tristes, malpropres. Celle du pope n'est guère mieux tenue, malgré ses tapis roumains et les reproductions des journaux illustrés qui en décorent les murs. On n'entend dans tout le village que des enfants qui piaillent, l'aboiement d'un chien, le cri d'un coq. Mais de belles meules de blé ombragent les toits croulants ; des troupeaux paissent sur les pentes d'alentour. Ces paysans, dont les habitations misérables vous apitoieraient, loin de récriminer contre leur sort, s'estimeraient absolument heureux si leurs fils et leurs filles, nouveaux mariés, avaient le droit d'acquérir des terres.

Comme les Allemands de Caramurat, ils se sont bâti une église qui leur a coûté quarante mille francs, une église en pierre, où les prophètes Moïse et Aaron, peints sur la voûte, suivent des yeux par les hautes fenêtres les rares passants du grand chemin.

J'ai visité jadis dans les déserts chiliens, que cette Dobrodja me rappelle, des bourgades ouvrières, à peine plus sordides. Les hommes enrégimentés en exploitaient les richesses pour d'autres hommes ; et je n'ai pas oublié la détresse dont leurs regards étaient chargés. Ici, les mêmes horizons de vide et de poussière ne s'appesantissent pas sur les âmes et n'éteignent pas la vie au fond des prunelles. Les femmes sortent vigoureuses de leurs multiples enfantements. Dans leurs douleurs de mère, elles ont conscience de donner un futur maître aux sillons et aux pâturages. L'amour de la propriété embellit les plus farouches solitudes, et, non seulement de la propriété individuelle, mais de la propriété commune. On commence par engraisser son lopin de terre, et, dès qu'on en a retiré sa subsistance, on lui fait rendre de quoi bâtir la maison qui, n'étant qu'à Dieu, appartient à tous, où tous viendront communier, si j'ose dire, dans le même sentiment et la même fierté du propriétaire. Chez soi, on se contente de peu ; mais ici, on ne lésine ni sur la pierre ni sur la peinture. Églises de la Dobrodja, c'est de vous que les plus pauvres enfants peuvent dire : « Cette église est à nous ! »

Et qu'on vive à leur ombre dans l'ignorance à peu près complète du reste de l'humanité, ce n'est point pour nous surprendre. Le silence des vastes espaces étouffe la curiosité, et les villages agricoles se suffisent à eux-mêmes. L'homme y concentre aisément toutes ses facultés de sentir : son amour-propre et ses passions lui permettent d'enfermer l'univers entre leur première et leur dernière cabane. Le comte d'Hauterive, toujours pendant son voyage de Constantinople à Iassi, coucha un soir dans un village où il rencontra un vieillard dont les quatre-vingt-dix ans avaient entendu plus de rumeurs de guerre et de fracas tragiques que les vies humaines n'ont accoutumé de le faire. Il l'interrogea; et le témoin des famines et des sanglants jeux de princes lui répondit d'une voix indifférente et d'un regard distrait. Mais, lorsque le comte lui parla de son village, le vieillard, dont les yeux se réveillèrent, lui confessa que rien au monde ne l'intéressait davantage que de savoir qui mourrait avant l'autre, de lui ou d'un vieux Turc, son voisin. Sans habiter un village solitaire, nous ressemblons souvent au vieillard du comte d'Hauterive. Nous avons presque tous dans notre vie un jeune ou un vieux Turc dont la bonne ou la mauvaise fortune nous tient plus à cœur que les grandes questions qui agitent le monde. Je vous assure que je chéris l'humanité; mais le nez de mon voisin me la cache. Que j'aimerais donc mes frères blancs, jaunes et noirs, si le nez de mon voisin était seulement plus court !

Nous revînmes à Meijidié, et Dieu sait de quels joyeux ébrouements notre cheval salua les minarets de sa ville ! Lors de la guerre russo-turque, les Turcs l'avaient abandonnée et les Russes à moitié démolie. Mais elle s'est tant bien que mal relevée de ses ruines, et les Turcs y sont rentrés, accompagnés des Tatars que d'ailleurs ils méprisent profondément. Les boutiques aussi sales que multicolores encombrent de leur déballage les rues du centre aux colonnades de bois et aux grosses lanternes rouillées. Ses foires de juin et d'octobre sont les plus populeuses de la Dobrodja, et son marché de bestiaux attire journellement les paysans Valaques et les colons de la steppe.

Naguère, dans ses environs, comme autour de Babadagh, les bandes de brigands s'en donnaient à cœur joie. Mais les voyageurs d'aujourd'hui, pareils aux carabiniers légendaires, arrivent toujours lorsque les brigands sont partis. La civilisation les a refoulés dans les capitales où, selon le proverbe d'Extrême-Orient : que la nuit est plus sombre au pied du phare, ils opèrent gaillardement sous les fenêtres des préfectures de police. Leurs exploits au grand air survivent quelque cinquante ans dans la mémoire des indigènes et des aubergistes. Celui de Meijidié se rappelait un certain Turc, Deli Ali, et un certain Polonais, Licinsky, qui, à la tête d'une troupe de Lippovans, détroussaient et rançonnaient les bourgeois. Ces héros de la brune, dont la Roumanie a débarrassé la Dobrodja, ne laissèrent point de dignes héritiers. Les Tsiganes, qui portent ici le fez et le pantalon bouffant, n'étaient pas gens à chausser les sandales de Deli Ali. Leur audace se borne à dévaliser les basses-cours. C'est du moins ce que nous assurait notre aubergiste. Il ne dissimulait pas son mépris pour ce genre d'entreprises et il ajoutait : « Non, Messieurs, depuis dix ans, Meijidié ne connaît plus les vrais brigands ; *mais* la ville est belle et possède une mosquée dont on affirme qu'elle n'a pas sa pareille au monde. »

Cet éloge me paraîtrait moins excessif, du prêtre de la mosquée. C'est le plus drôle et le plus sémillant petit iman tatar que sans doute le hasard mettra sur mon chemin. J'ai gardé de lui le souvenir d'une tête pointue, — je ne saurais dire si c'était par en haut ou par en bas, — d'une figure grêlée et d'une paire d'yeux plus éveillés qu'une potée de souris. Il nous introduisit dans la mosquée, avec un geste de bon garçon : « Entrez donc, je vous en prie ; ne vous gênez pas ! » Et cette large mosquée était baignée de lumière, mais tout m'y sembla aussi pointu que la tête de l'iman : le dais, la chaise haut perchée d'où le prêtre explique le Coran, les lampes, les colonnettes de la galerie, les sculptures de bois clair, et les versets d'or qui resplendissaient au soleil.

De la mosquée il nous mena, au pas de gymnastique, visiter le séminaire turc. Soixante-dix élèves, Tatars et Turcs, mais plus tatars que turcs, s'y préparent au professorat et à la prêtrise, dans un petit monastère en bois, dont les cellules, qui servent de classes, de dortoirs, de réfectoires et de pensoirs, donnent sur une véranda intérieure. Le Gouvernement roumain subventionne les professeurs : ils sont turcs et ne diffèrent en beauté que par la couleur de leur barbe plus blanche que la neige ou plus noire que l'encre de Chine. Les séminaristes apportent leurs coussins, leur literie et font bouillir à leurs frais leur viande de mouton. Je parcourus les étroites chambrées. Ah, les bonnes têtes mongoles ! Si la douceur était bannie du monde, on la retrouverait sur ces visages imberbes et dans ces yeux d'où les sourcils s'écartent comme pour mieux découvrir leur charmante naïveté. Mais quelques-uns de ces yeux étaient bien clos. Il est déplorable de constater que des étudiants tatars peuvent ronfler dans leurs salles d'études.

— Il fait chaud ! dit l'iman.

Et nous repartîmes à travers les rues blanches et ensoleillées. Des femmes, voilées d'étoffes éclatantes, cheminaient le long des murs et subitement disparaissaient, comme happées à une porte par une main invisible.

— Très oriental ! fit l'iman.

Et, arrêtant au passage une jeune fille qui se hâtait :

— Ote ton voile ! lui cria-t-il.

Elle obéit et tourna vers nous un assez joli visage aux yeux morts : elle était aveugle.

Tout au haut de la ville, on battait le blé dans la cour d'une ferme tatare. L'iman la traversa et nous poussa sur le seuil de la maison. Une grosse femme nous reçut, ébahie ; mais, sitôt qu'elle aperçut son prêtre derrière nous, elle se réfugia dans l'escalier, et, faute de mouchoir, releva sa jupe et s'en couvrit la figure. C'est ainsi que les femmes d'Orient sauvent leur pudeur. Le petit iman nous fit entrer dans la cuisine qui sentait mauvais, puis dans la chambre à coucher qui sentait plus mauvais, enfin dans l'étable qui sentait moins mauvais que la chambre et la cuisine. Et il appela le fermier :

— Combien as-tu d'hectares ?

— Cent.

— De chevaux ?

— Cinq.

— De vaches ?

— Quatre.

— De bœufs ?

— Trois.

— Cet homme a trois bœufs, quatre vaches, cinq chevaux et cent hectares : c'est un richard.

Et dare dare, nous filâmes chez un autre Tatar qui n'avait que cinquante hectares, deux chevaux, deux vaches et un bœuf. Lorsque nous fûmes arrivés aux Tatars qui n'avaient ni bœuf, ni vaches, ni chevaux, pas même un pouce de terre, et qui vendaient des légumes, je me déclarai suffisamment asphyxié par mon enquête sur la vie tatare ; et je faillis opposer un refus poli, mais catégorique, à l'invitation que nous fit l'iman de nous conduire chez lui. Comme j'aurais eu tort, et qu'il est bon de se reposer sous un toit qui ne sent rien !

Notre hôte nous ouvrit une porte dans une ruelle déserte, et nous vîmes un petit jardin où des concombres ventrus rampaient sur la poussière et où de maigres arbustes poussaient, à la grâce de Dieu, comme des plants de haricots. Derrière ce jardin, dont l'homme avait toujours respecté le désordre providentiel, s'élevait une maisonnette, une délicieuse bonbonnière de Tatar. Deux pièces, sans plus, tapissées de nattes, entourées de divans et toutes scintillantes de vaisselle : à gauche, le salon; à droite, la chambre avec un beau lit de fer aux ornements de cuivre. L'iman est marié et père de quatre enfants; mais sa famille habite une autre maisonnette adossée au mur de la ruelle et dont les fenêtres n'ont vue que sur les arbustes et les concombres du jardin.

Il nous offrit une tasse de café et nous causâmes Turcs et Tatars. Il célébra leurs joies paisibles et leur économie.

— Sont-ils polygames? lui demandai-je.

— Tous, me répondit-il, mais seulement d'intention! La religion nous permet quatre femmes et ne nous défend pas expressément d'en avoir une cinquième. Tous mes Turcs et Tatars profiteraient volontiers de la permission, s'ils n'étaient retenus par leur pauvreté, leur amour de l'argent ou leur désir de tranquillité. L'entretien de deux femmes oblige à construire deux maisons; l'entretien de quatre femmes en nécessiterait quatre. On ne peut pas les loger ensemble, sous peine d'avoir chaque semaine à remplacer la vaisselle qu'elles se jettent à la tête.

— Ces dames ont l'air si doux! m'écriai-je.

— Ne vous y fiez pas! dit-il. Ce sont des pestes. J'ai connu un Tatar qui en avait épousé deux et qui en eût trépassé, si l'une d'elles n'avait attrapé une pleurésie mortelle un soir que sa rivale la força de coucher dehors.

— Du moins, lui dis-je, quand elles ont réduit leur mari au triste état de monogame, elles l'en consolent en lui donnant beaucoup d'enfants.

— Cela dépend, répondit-il : jusqu'à cinquante hectares et plus, on a environ sept ou huit enfants ; mais, passé cent hectares, les familles diminuent. Les pauvres sont admirables et selon le cœur du Prophète. Ont-ils gagné quelques sous? Ils s'en vont au marché et en reviennent avec des provisions de bouche et du café. (Je ne parle point de ceux qui en rapportent de l'eau-de-vie, car ils enfreignent nos saints commandements, et je ne veux pas les connaître.) On fait alors un bon dîner. Les parents se régalent et voient leurs enfants se régaler et se disent : « Il faut leur donner des frères et des sœurs qui se régaleront aussi. » Mais le riche songe toute la nuit : « Comment arriverai-je à grossir mon magot? » Et, quand il en a trouvé le moyen, il se lève ou s'endort. Voilà ce qui se passe dans la société turque et tatare.

— Et qu'y pense-t-on, lui dis-je, de la domination roumaine?

— On n'en pense rien, si ce n'est que le Gouvernement qui protège les mosquées, entretient les séminaires, laisse les gens croire et vivre à leur guise, est le meilleur des gouvernements. Les

Tatars n'ont jamais conçu de plus belle politique. Mais je ne me dissimule pas que, sur ce point, ils paraîtraient quelquefois arriérés aux nations occidentales.

Vous doutiez-vous que les contes de Voltaire fussent orientaux? On ne saurait reprocher à l'auteur de *Zadig* d'avoir abusé de la couleur locale. Cependant je parierais que, traduits en turc, en arabe ou en persan, ils seraient aussi bien compris des imans du Danube ou du Bosphore que des lettrés de la Seine. Et, si j'osais, je dirais même que les âmes d'Orient ne s'y expriment pas plus mal que dans le clair-obscur où nous nous plaisons à les peindre ; car enfin, il se pourrait que ces âmes fussent tout bonnement des âmes philosophes, bourgeoises, paysannes, morales et immorales comme les nôtres. L'étrange folie d'imaginer qu'un turban change les cases du cerveau et de prêter un charme mystérieux à de grosses commères, parce qu'elles se rabattent le fichu sur le visage! Et nous en sommes presque tous là! L'iman de Meijidié me faisait l'effet d'un iman d'opérette, bien qu'il fût, des pieds à la tête, Tatar tatarisant ; mais pourquoi cet homme ressemblait-il à un petit Méridional de la Camargue et parlait-il comme un pince-sans-rire? Allah, Allah, par pitié pour les chercheurs de pittoresque, ne souffre plus que tes colons turcs aiment la terre exactement du même amour que les colons allemands et transylvains, et donne aux sociétés tatares des vices que nous n'ayons pas!

Le soleil se couchait sur la Dobrodja, quand nous traversâmes le pont du Danube. Ce pont, qui enjambe les bras du fleuve et les marécages et qui mesure dix-huit cents mètres de longueur, est un des plus hardis et des plus délicats du monde. Dans l'immensité bleuâtre, les îles de roseaux, penchées par le vent, s'inclinaient comme des corbeilles et de grandes urnes; et tous les marais, jusqu'au ras du ciel, se teignaient d'une couleur de safran. A l'arrière du train, je m'enivrai longuement de cet adieu splendide, et je fermai les yeux, lorsque nous rentrâmes dans la plaine de Bucarest, afin de rester sur cette impression de grandeur mélancolique et chaude, et de beauté.

Mon voyage en Roumanie était terminé. Je l'ai raconté étape par étape, trop heureux si je persuade à ceux qui auront bien voulu me suivre que ce pays, le mieux organisé peut-être des nouveaux États de l'Europe orientale, vaut qu'on l'étudie et mérite qu'on l'aime. Qu'une nationalité se soit créée en plein XIXe siècle, que sept millions d'êtres humains aient retrouvé l'idée de la patrie, c'est à coup sûr un spectacle intéressant et réconfortant. Que cette patrie ait été, sinon sauvée, du moins sauvegardée, par l'établissement de la royauté et d'une royauté avec une dynastie étrangère, on en conclura, une fois de plus, qu'un pays a besoin, pour vivre, que l'homme qui est à sa tête et qui représente l'autorité s'élève, par sa naissance ou par sa volonté, au-dessus de tous les partis. La fameuse « question juive » ne me paraît en somme qu'une des formes du combat que les nations doivent soutenir contre ceux qui menacent de les submerger, que ces envahisseurs soient Grecs, comme dans la Roumanie du XVIIIe siècle, Juifs, comme dans la Roumanie du XIXe siècle, ou Chinois, comme en Amérique. Mais elle met aux prises deux théories. L'une ne voit dans la patrie que la terre ; l'autre n'y voit que le peuple. La première dit : « La Roumanie, c'est le territoire roumain : il s'agit avant tout d'en assurer la prospérité, et, comme j'estime que les étrangers y sont nécessaires, j'ouvre la porte aux étrangers. Il importe peu que la Roumanie devienne moins roumaine, pourvu que ses finances, son commerce, son industrie, son agriculture se développent et grandissent. » L'autre répond : « La Roumanie, c'est le peuple qui, sous d'abominables et de séculaires oppressions, a su conserver sa langue et son esprit. Il a payé trop cher son titre de roumain pour le partager avec les premiers venus. Ceux qui le dirigent ont le devoir de lui en réserver la propriété exclusive. Qu'il exploite mal ses champs ou ses mines de pétrole, cela ne regarde personne. Je le préfère moins riche, mais plus *lui-même.* »

Enfin ce peuple possède une colonie qui n'est pas encore colonisée. Des milliers et des milliers d'émigrants quittent chaque année l'Europe et appareillent vers l'Amérique. Il appartiendrait peut-être au Gouvernement roumain d'en attirer un certain nombre et de réaliser, dans cette Dobrodja où les Roumains n'avaient point dédaigné d'établir leur empire, la même fusion des races que les États-Unis dans leurs plaines de l'Ouest et l'Argentine dans ses pampas.

FIN

TABLE DES MATIÈRES

PREMIÈRE PARTIE

Hier et Aujourd'hui

DEUXIÈME PARTIE

Juifs et Paysans

TROISIÈME PARTIE

Le Danube et la Dobrodja

TOURS, IMP. DESLIS FRÈRES, 6, RUE GAMBETTA.

www.ingramcontent.com/pod-product-compliance
Ingram Content Group UK Ltd.
Pitfield, Milton Keynes, MK11 3LW, UK
UKHW021059220726
13924UKWH00005B/2161